クラス担任必携本!!

ハッピー
保育books⑤

0～5歳児の生活習慣身につけbook

鈴木みゆき／監修
永井　裕美／著

＊監修

生活習慣 … す
る行為でもあります。子どもたちが主体的に生活習慣を身につけていけるよう保育者は理解を深めるとともに保護者の気持ちに寄り添いながら伝えていきましょう。

本書が日々の保育の展開に役だつことを信じています。

鈴木みゆき

ひかりのくに

本書の特長

本書では、生活習慣の自立を楽しく身につけられる遊びやアイデアを、たくさん紹介しています。子どもにとって無理がなく、家庭でもすぐできるアイデアを伝えることで、保護者といっしょに身につけていける工夫もしています。

下の図と右ページの「本書の使い方」を参照して、保育に活用してください。

特長❶ 生活習慣が楽しく身につくアイデアがいっぱい!

「基本的な方法」と「実践アイデア」!

特長❷ 子どもの発達の目安も押さえられる

各章の初めに、それぞれの生活習慣における発達の目安付き!

保護者としっかり連携

「家庭でもオススメ」マークも、ぜひ参考に!

本書の使い方

現場の先生方がもっとも悩む項目をピックアップ。気になるところから見て、どんどん実践してみましょう！

現場の悩みを解決

保育現場でよく見られる、生活習慣を身につけるうえでの悩みを取り上げて、「基本的な方法」を紹介しています。

実践アイデア

すぐに実践できる「遊び」「環境」「ことばがけ」のアイデアが盛りだくさんです。

第Ⅱ章 排せつ 1

いやがる子どものオムツを替えるには？

0~1歳ごろ

オムツ交換の時間は、スキンシップの機会でもあります。子どもが楽しいと感じられるように、優しく言葉をかけながら行ない、交換後は軽く手足を動かすなどして、刺激を与えていくのもいいでしょう。

おしっこいっぱい
気持ち悪かったね～
きれいにしようね～

オムツを交換する前に、顔遊びや手足をくすぐるなどして、楽しい雰囲気をつくり、ことばがけしながら行なう。

下にマットを敷く。

おしりふきで、男の子はおちんちんの後ろ、女の子は前から後ろに向かって汚れをふき取る。

おしりを持ち上げ、きれいなオムツをおしりの下に敷いてから、汚れたオムツを取る。

汚れたオムツをかたづけ、手洗い後、便やおしっこの状態や時間を記録しておく。

＊月齢が低いうちは回数も多く、個人差があります。しっかり把握して、汚れたらすぐに替えましょう。長時間つけたままにしておくと、かぶれたりただれたりします。

発達の目安を押さえよう！ 成長とともに、子どもの状態はどんどん変わっていきます。活発に動き回る子どもに合わせて対応していきましょう。

寝返りできるころ
寝返りができるようになると、あおむけに寝かせたとたんに、すぐひっくり返る。

くるん

ハイハイできるころ
足を伸ばしたりバタバタ動かしたり、逃げたりするようになる。

歩き始めたころ
ますます動きが活発になり、逃げ回る。おもしろがって、わざと逃げる。

キャッキャッ
待って～！

50

Ⅱ-❶オムツ交換

オムツ交換が楽しくなる遊びなど

遊び・環境
ことばがけ

イチ、ニ、イチ、ニ
オムツを交換する前に、季節の簡単な歌などを口ずさみながら、子どもの両足首を持って、曲げたり伸ばしたり、交差させたりして、体操してみましょう。

イチ・ニ！
イチ・ニ！

家庭でもオススメ

ポイント
子どもがリラックスして、オムツ交換がしやすくなります。

持てるかな？
手で物が握れるようになってきたら、オムツ交換のときに、子どものおしり辺りを少し持ち上げ、自分の両足首を持たせるようにしてみましょう。

自分であんよが
持てるかな～？

じょうずだね♡

家庭でもオススメ

ポイント
子どもにも、いっしょにオムツ交換をしているという思いを持たせるようにします。

あんよで「いない いない ばあ」
オムツ交換の前後に、あおむけの子どもの両足を使って、「いない いない ばあ」をして遊びます。

いない
いない

?

ばぁ！

キャッ キャッ

家庭でもオススメ

ポイント
いつもとひと味違った「いない いない ばあ」です。自分の足が使われているのがうれしくて、オムツ交換が楽しみになります。

Ⅱ 排せつ

51

保護者も納得

発達の目安を押さえよう！　意識の変化をとらえよう！　子どもの姿を見極めよう！

子どもの発達や意識の変化をとらえるポイントを整理しています。子どもひとりひとりに合わせた援助をすることで、保護者にも納得してもらえます。

家庭でもオススメ

このマークのアイデアは、家庭でも簡単に実践できます。保護者にも伝えて、家庭と連携していきましょう。

※「子どもの発達の目安」一覧、保育者としてぜひ「知っておきたい！」項目、「歌・手遊び」で楽しく生活習慣を身につけるアイデアなども掲載しています。

0歳 1歳 2歳

Ⅰ 食事

①ミルクを楽しく飲むためのかかわり方は?(~10か月ごろ)……P.20
②離乳食(1)じょうずな援助のしかたは? 1 (5~8か月ごろ)……P.22
③離乳食(2)じょうずな援助のしかたは? 2 (9~18か月ごろ)……P.24
④スプーンをじょうずに使うようになるには?(1~2歳ごろ)……P.26
⑤器を持って食べるようになるには?(2歳ごろ~)…
⑥はしを正しく持てるようになる

Ⅱ 排せつ

①いやがる子どものオムツを替えるには?(0~1歳ごろ)……P.50
②排せつの自立へ向けて、いつごろから始めるの?(1歳ごろ~)……P.52
③オマルやトイレをいやがる子どもには?(1歳ごろ~)……P.54
④オムツからパンツに替えるには?(1~3歳ごろ)……P.56
⑤失敗して漏らすことが増えたときは?(1~2歳
⑥トイレでうんちができるように

Ⅲ 睡眠

①乳児が安心して寝られるようにするには?(~2歳ごろ)……P.80

Ⅳ 着脱

①乳児の着替え、援助のしかたは?(~1歳ごろ)……P.100
②着替えようとしない、できない
③上着を脱いだり着たりする
④ズボンやパンツをはくには?
⑥靴下・靴を正しく履く

Ⅴ 清潔

①乳児が気持ち良く清潔に過ごすには?(0・1歳)……P.124
②手を洗う習慣を身につけるには?
⑤きちんと歯をみがけるようになるには?
⑥自分でかたづけられるように
⑪つめの長さに気づいて切ってもらうには?(0歳~)……P.144

「子どもの発達の目安」一覧表

3歳 4歳 5歳

※発達には個人差があるので、
目安としてご覧ください。

…P.28
には?(2歳ごろ～)……P.30
⑦手づかみやこぼして食べる子どもには?(3歳ごろ～)……P.32
⑧きちんと座って食事をするには?(3歳ごろ～)……P.34
⑨好き嫌いが少なくなるには?(3歳ごろ～)……P.36
⑩食べ残しや時間がかかる子どもには?(3歳ごろ～)……P.38

ごろ)……P.58
なるには?(2歳ごろ～)……P.60
⑦自分でふけるようになるには?(4歳ごろ～)……P.62
⑧ひとりでトイレが使えるようになるには?(3歳ごろ～)……P.64
⑨和式・男性用トイレの使い方は?(3歳ごろ～)……P.66
⑩気持ち良くトイレを使えるようになるには?(4～5歳ごろ)……P.68
⑪トイレの順番を守れるようになるには?(3歳ごろ～)……P.70

②幼児期の午睡はどうあるべきなの?(3歳ごろ～4歳)……P.82
③午睡時に騒ぎだす子どもには?(3・4歳)……P.84
④なかなか起きない子どもには?(3・4歳)……P.86
⑤まったく寝ない・早く目覚める子どもには?(4歳ごろ～)……P.88

子どもには?(2～4歳ごろ)……P.102
には?……(2～4歳ごろ)……P.104
(2～5歳ごろ)……P.106
⑤脱いだ服を畳めるようになるには?(3～5歳ごろ)……P.108
には?……(2～3歳ごろ)……P.110
⑦ひとりでボタンの留め外しをするには?(3歳ごろ～)……P.112
⑧ひもを結べるようになるには?(5歳ごろ)…P.114

(2歳ごろ～)……P.126
③うがいがじょうずにできるようになるには?(3歳ごろ)……P.128
④自分で鼻をかめるようになるには?(3～5歳ごろ)……P.130
(2歳ごろ～)……P.132
なるには?(2～4歳)……P.134
⑦汗をかいたらふくようになるには?(3～4歳ごろ)……P.136
⑧プールの後、自分で体をふけるようになるには?(3歳ごろ～)……P.138
⑨じょうずに顔を洗えるようになるには?(3～4歳ごろ)……P.140
⑩服が汚れたら着替える意識を持つには?(4歳ごろ)……P.142

0～5歳児の生活習慣 身につけbook CONTENTS❷

監修の言葉 ･･････････････････････････････････････1
本書の特長／本書の使い方 ････････････････････2
CONTENTS❶「子どもの発達の目安」一覧表･4

序　章　生活習慣の自立 ･････････････････････9
①こんな悩み、ありませんか？ ･････････････10
②「生活習慣の自立」は、園のしごと!? ･･････12
③生活習慣を保護者とともに! 大作戦 ･･･････14

第Ⅰ章　食　事 ･･･････････････････････････････17
●子どもの発達の目安をつかんでおこう!･･･18
❶ミルクを楽しく飲むためのかかわり方は?･20
飲む意欲を高めるアイデア ･･･････････････････21
静かに、ゆったりとした気持ちで／手のひらコチョコチョ／あれは何かな? こっちはどうかな?
❷離乳食(1)(5～8か月ごろ)じょうずな援助のしかたは? 1 ･････････････････････････････････22
自分で食べる意欲を高めるアイデア ･･････････23
お口をあーん／食べるって楽しいね／入れてみよう、出してみよう
❸離乳食(2)(9～18か月ごろ)じょうずな援助のしかたは? 2 ･････････････････････････････････24
手づかみでもしっかり食べられるようになるアイデア･25
モグモグゴックン／引っ張ってみよう／引っ張ってビョ～ン
❹スプーンをじょうずに使うようになるには?･26
ちゃんと持てるようになるための遊び ････････27
クレヨンでグルグル／動物さんに食べさせてあげよう／すくってお引っ越し
❺器を持って食べるようになるには? ･･････28
持ち方のバリエーションを増やす遊び ････････29
どこにあるかな?／ままごと
❻はしを正しく持てるようになるには? ･････30
正しく持てるようになるための工夫 ･･････････31
指人形で遊ぼう／正しい持ち方を練習しよう／いろいろな物を挟んでみよう
❼手づかみやこぼして食べる子どもには?･･32
正しい食べ方を意識するための工夫 ･･････････33
先生のそばで食べようね／お口の中がからっぽになってから／お友達はどうかな?／しっかりかんでね
❽きちんと座って食事をするには? ･････････34
毎日の工夫のポイント ･･････････････････････35
姿勢を正して「いただきます」／ふだんから心がけて／最後までがんばって食べようね／わかりやすくマークで表示する
❾好き嫌いが少なくなるには? ･････････････36
食べ物に興味を持つ工夫など ･････････････････37
調理・盛り付け・いっしょに食べよう／食べ物ファイルで把握しよう／育ててみよう・作ってみよう／あまり深刻に考えないことも大切
❿食べ残しや時間がかかる子どもには? ････38
意味のある食事時間にするために ････････････39
三角食べをしよう／これだけは食べようね／「もったいない」という感覚を持とう
●知っておきたい! 食物アレルギー・栄養素･40
食物アレルギーとは? ････････････････････････40
緊急事態の症状(アナフィラキシーショック)･40
アレルギーへの対応・保護者との連携など･41
疑わしいと思ったら／アレルギーのある子どもを受け入れる場合／保育が始まったら
アレルギーを起こしやすい食材 ･･･････････････42
バランスよく摂りたい栄養素 ･････････････････43
●歌・手遊び『なにたべよう』(『グー チョキ パーでなにつくろう』の替え歌) ･････････････44
○ほのぼの劇場 食事編『まねっこでドーゾ』･46

第Ⅱ章　排せつ ･･････････････････････････････47
●子どもの発達の目安をつかんでおこう!･･･48
❶いやがる子どものオムツを替えるには?･･50
オムツ交換が楽しくなる遊びなど ････････････51
イチ、ニ、イチ、ニ／持てるかな?／あんよで「いない いない ばあ」
❷排せつの自立へ向けて、いつごろから始めるの? ･････････････････････････････････････52
トイレに興味を持つ工夫 ･････････････････････53
楽しいトイレのイメージを持とう／近くでトイレを見てみよう／かわいいトイレに座ってみよう
❸オマルやトイレをいやがる子どもには?･･54
トイレに行くのが楽しくなるアイデア ････････55
明るい雰囲気のトイレにしよう／ぺったんこシール／いっしょいっしょ／おしっこ しーしー
❹オムツからパンツに替えるには? ･････････56
パンツがはきたくなる工夫など ･･･････････････57
かわいいパンツだね／トイレトレインしゅっぽーつ／漏らしてしまってもだいじょうぶ
❺失敗して漏らすことが増えたときは? ････58
失敗を減らしていくための工夫 ･･･････････････59
焦らず気長に、せかさない／失敗を引きずらない／トイレでできた! を忘れない

❻トイレでうんちができるようになるには?· 60
トイレでうんちができるようになるために …… 61
どうしてうんちが出るのかな?／排便のリズムをつけよう／保護者とも連携しよう／そっとフォローしてあげよう
❼自分でふけるようになるには? ………… 62
自分でふけるようになるための工夫など …… 63
じょうずにクルクル畳めるかな?／おしりカキカキおサルさん／動物さんに合わせてちぎろうね
❽ひとりでトイレが使えるようになるには?· 64
ひとりで用が足せるようになるために ……… 65
トイレ探検隊／友達といっしょなら……／できたねタッチ!
❾和式・男性用トイレの使い方は? ……… 66
和式・男性用トイレに対応するための工夫 ···· 67
ズボンとパンツはここだよ／足を置く場所はここだよ／おしっこの的はここだよ
❿気持ち良くトイレを使えるようになるには?· 68
気持ち良くトイレを使うための工夫 ……… 69
スリッパはここに置こうね／うんちくんバイバイ／洗ってすっきり気持ちいい／「せんせー」「なあに?」の関係
⓫トイレの順番を守れるようになるには?·· 70
順番を守って並べるようになるための工夫 ··· 71
最初は保育者が指示しましょう／ここに並んで待とうね／後から来たら、う・し・ろ!
●知っておきたい! 気になる症状下痢・便秘· 72
0～2歳児は、下痢・便秘になりやすい? ···· 72
脱水症状のサイン ……………………… 72
園での対応・心がけ …………………… 73
こまめな水分補給を／食欲があるならだいじょうぶ／おしりはいつも清潔に(下痢)／出そうな感覚がしたら(便秘)
●歌・手遊び『クルクルおなか』(『コロコロたまごは』の替え歌) ……………………… 74
○ほのぼの劇場 排せつ編『おしりから…』· 76
第Ⅲ章 睡 眠 ……………………… 77
●子どもの発達の目安をつかんでおこう!··· 78
❶乳児が安心して寝られるようにするには?· 80
安心して寝られるようにするための工夫 …… 81
寝る場所を確保しよう／だっこ・おんぶでねーんね／リラックスしよう
❷幼児期の午睡はどうあるべきなの? …… 82
しっかり眠れるようにするための工夫 ……… 83
午睡前は静かな活動をしましょう／ぐっすり眠ってすっきりお目覚め／お当番に来ました
❸午睡時に騒ぎだす子どもには? ………… 84
静かに午睡できるようにするための工夫 …… 85
お布団どこがいいかな?／今日のおやつは何かな?／先生、○○ちゃんと寝ようかな?
❹なかなか起きない子どもには? ………… 86
睡眠のリズムを整えるための工夫 ………… 87
おうちで寝るときは?／記録して原因を探ろう／睡眠のリズムを整えよう
❺まったく寝ない・早く目覚める子どもには?· 88
午睡しない子どもたちの過ごし方の工夫 …… 89
起きていてもいいよ／お手伝いしてね／昼間起きていられるように
●知っておきたい! 睡眠の大切さ・SIDS ··· 90
規則正しい睡眠が果たす、大切な役割とは?·· 90
睡眠と脳の発達のサイクル …………… 90
早起き・早寝の意識づけ ……………… 91
ペープサートで知らせよう／今日、何時に起きた?／保護者にも理解してもらいましょう
睡眠のしくみとサイクル ……………… 92
乳幼児突然死症候群(SIDS)とは? ………… 93
●歌・手遊び『○○ぐみのおへやで』(『おおきなくりのきのしたで』の替え歌) ………… 94
『元気におきて』(『ちょうちょ』の替え歌)·· 95
○ほのぼの劇場 睡眠編『手ごわい相手』···· 96
第Ⅳ章 着 脱 ……………………… 97
●子どもの発達の目安をつかんでおこう!··· 98
❶乳児の着替え、援助のしかたは? ……… 100
乳児の着替えでの心がけや工夫など ……… 101
ばんざいしてね／健康観察でチェック／○○ちゃんの服はここですよ
❷着替えようとしない、できない子どもには?· 102
ひとりで着替えようとするための工夫 ……… 103
おうちではどうしていますか?／ひとりでできたら気持ちいい／着替えてから○○しよう／こっちの服着てるところも見たいなー
❸上着を脱いだり着たりするには? ……… 104
上着を着られるようになるための工夫 ……… 105
上着を着る前に／もう少しだからだいじょうぶ／あれれ?なんだかおかしいよ
❹ズボンやパンツをはくには? ………… 106
ズボン・パンツがはけるようになるための工夫·107
ズボン・パンツをはく前に／シャツやパンツは出ていないかな?／おっとっとっと、バランスゲーム
❺脱いだ服を畳めるようになるには? …… 108

自分で服を畳めるようになるための工夫……109
裏返しもやってみよう／きれいに畳もう／おうちでも畳んでお手伝い

❻**靴下・靴を正しく履くには?** ……………110
靴を正しく履けるようになるための工夫……111
わかりやすく、履きやすく／反対に履くと、変な感じがするね／そろえて脱いで、そろえて入れよう

❼**ひとりでボタンの留め外しをするには?** ‥112
ボタンの留め外しができるようになるための工夫･113
みんな仲よし、つないでみよう／留めっこしよう／ずれていないかな?

❽**ひもを結べるようになるには?** …………114
ひもを結べるようになる工夫など …………115
扱いやすく、わかりやすく／遊びや生活の中で、じょうずになろう／結んできれいに飾ろう

● 知っておきたい! 冬でも薄着の習慣づけ‥116
薄着で過ごしたほうがよいわけは?…………116
薄着を習慣づけるために …………………117
重ね着をしてみよう／園だより・保健だよりでお知らせ／マラソン・鬼ごっこでポッカポカ

● 歌・手遊び『着替えのうた』(『あたまかたひざポン』の替え歌)…………………………118

○ ほのぼの劇場 着脱編『おしい!』…………120

第Ⅴ章 清 潔 ……………………………121

● 子どもの発達の目安をつかんでおこう!…122

❶**乳児が気持ち良く清潔に過ごすには?** ‥‥124
清潔はなんとなく気持ちいいと意識させる工夫･125
汚れたら、着替えようね／興味を持ち始めたら……／「ハイドーゾ」ができたら……

❷**手を洗う習慣を身につけるには?** ………126
ていねいな手洗いを意識するための工夫……127
手順をイラストでわかりやすく／どうして手を洗うのかな?／魔法の虫眼鏡でチェック!

❸**うがいがじょうずにできるようになるには?**･128
うがいをじょうずにするための工夫 ………129
イメージをつかもう／目線の先に、かわいい目印／正しいうがいで、かぜを予防しよう

❹**自分で鼻をかめるようになるには?** ……130
自分できちんと鼻をかむようになるための工夫･131
ちゃんと鼻をかまないと／乾燥しすぎるのを防ごう／いつでもすぐにふけるように

❺**きちんと歯をみがけるようになるには?** ‥132
きちんと歯みがきをするための工夫 ………133
こうやってみがくんだよ／バイバイ虫ばい菌／歯みがきタイムは3分間／きれいになったか、見てみよう

❻**自分でかたづけられるようになるには?** ‥134
自分でかたづけられるようになるための工夫･135
絵本は赤い棚、積み木は緑の箱／かたづけてから次の遊びだよ／がんばってかたづけてるね

❼**汗をかいたらふくようになるには?** ……136
汗をかいたらふくようになるための工夫……137
どうして汗をかくのかな?／汗をかきやすいのはどこかな?／汗をふかないとどうなるのかな?

❽**プールの後、自分で体をふけるようになるには?** ……………………………………138
ひとりで体をふけるようになるための工夫 …139
プールに入る前に／ちゃんとふけているかな?／おうちでもふけるよね

❾**じょうずに顔を洗えるようになるには?** ‥140
じょうずに顔を洗えるようになるための工夫･141
スーパーボールすくいごっこ／プールの中で、おふろみたいだね／おうちで鏡を見てから来ようね

❿**服が汚れたら着替える意識を持つには?** ‥142
汚れた服を着替える意識を持つための工夫 …143
みんなでいっしょに着替えよう／着替えると気持ちがいいね／いつでも着替えられるよ

⓫**つめの長さに気づいて切ってもらうには?** ‥144
つめが伸びたら切る意識を持つための工夫 …145
つめが長いと危ないよ／みんなでチェックしよう／清潔がんばりカレンダー／

● 歌・手遊び『手洗いのうた』(『いとまき』の替え歌)…………………………………146

○ ほのぼの劇場 清潔編『きれいきれい』‥‥148

第Ⅵ章 あいさつ …………………………149

● **きちんとあいさつができるようになるには?**･150

出会ったとき
おはようございます／こんにちは ……………152

お出かけ
いってらっしゃい／いってきます ……………153

お迎え・お別れ
ただいま／おかえりなさい／さようなら ………154

食事・睡眠
いただきます／ごちそうさま／おやすみなさい‥‥155

友達とかかわる
いれて／かして／いいよ／どうぞ ……………156

心を込めて
ありがとう／ごめんなさい／おねがいします／おめでとう･158

序章

生活習慣の自立

序章❶　保育者の悩み …………………………… P.10
序章❷　園のしごと? …………………………… P.12
序章❸　保育者とともに! ………………………… P.14

序章① こんな悩み、ありませんか?

生活習慣に関して、現場の先生方がとまどうような、こんな場面に出会うことはありませんか?　以前とは違った生活習慣についての悩みが増えてきているようです。

家ではそうなの？

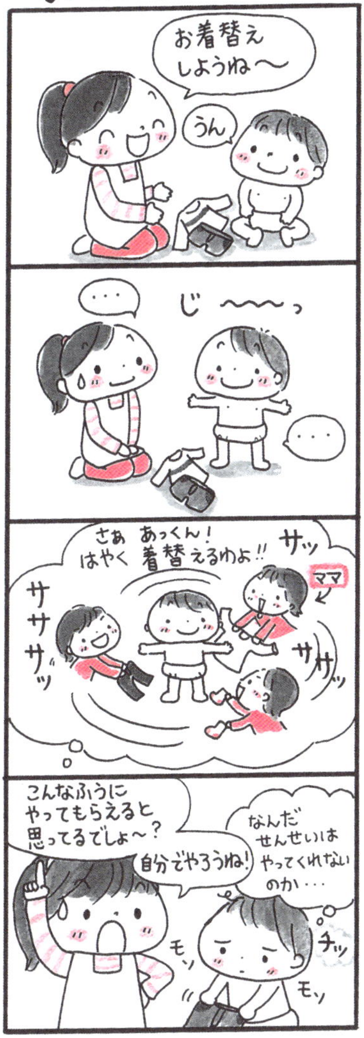

園の役割って何？

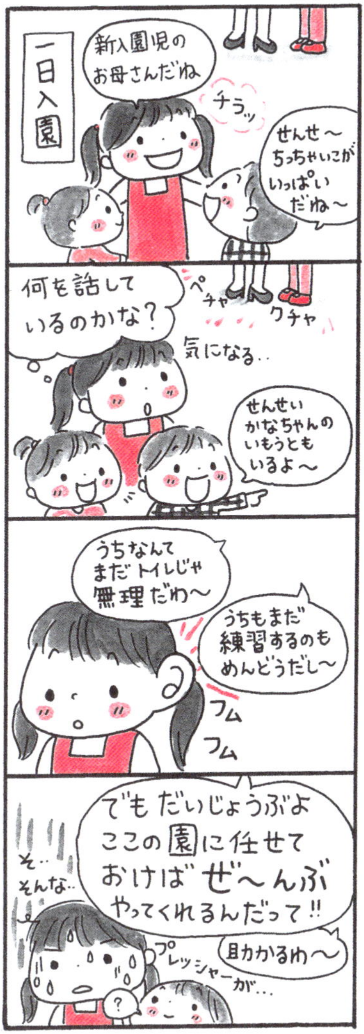

……そんな状況があります……

序章❷

「生活習慣の自立」は、園のしごと!?

前ページのような状況の背景には、しごとで帰りが遅かったり、ほかに頼れるところがなかったり、生活リズムが保護者中心になったりということがあるようです。子どもの生活習慣の自立については、保護者の意識として、園への要求も高まっているのが現状です。

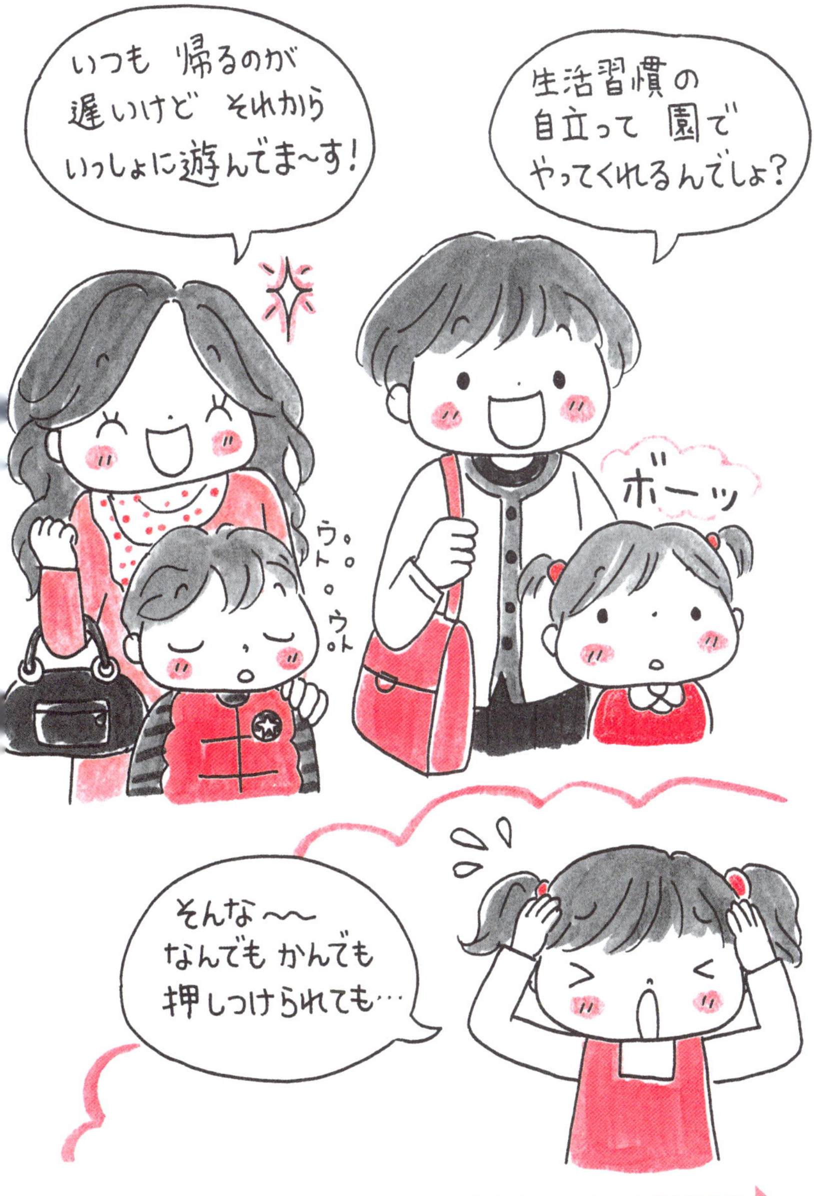

……という心境になっていると思いますが……

序章❸ 生活習慣を保護者とともに! 大作戦!!

園への要求は高まっていますが、保育のプロとして、保護者の気持ちに寄り添いながら連携を取り、できることから徐々に進めていけるといいですね。

作戦01 園での子どもの「できた!」を、保護者に報告しましょう。

共感

作戦02 簡単なアイデアから、保護者に提案してみましょう。

納得

作戦03 保育のプロとして、子どもの発達を把握して、保護者へ伝えましょう。

安心

作戦04 卒園時の姿を思い描いて、根気良く続けましょう。

継続

……その手助けとして……

……生活習慣を身につけるのに役だつ、アイデアやヒントがいっぱい……

第Ⅰ章

食　事

❶ミルクを楽しく飲むには？……P.20
❷離乳食（5～8か月）の援助は？……P.22
❸離乳食（9～18か月）の援助は？……P.24
❹スプーンをじょうずに使うには？……P.26
❺器を持てるようになるには？……P.28
❻はしを正しく持つには？……P.30
❼手づかみやこぼして食べる子どもには？……P.32
❽きちんと座って食事をするには？……P.34
❾好き嫌いが少なくなるには？……P.36
❿食べ残しや時間がかかる子どもには？……P.38
●好きな食べ物いっぱいの　歌・手遊び……P.44

子どもの発達の目安をつかんでおこう!

※発達には個人差があるので、目安としてご覧ください。

0歳

~3か月
●しだいに飲む力が強くなり、飲む量も増えてくる。

3~5か月
●授乳間隔は1日5~6回くらいで、飲む量も一定になる。

5~6か月ごろ(離乳開始)
●1日1回、ひとさじ1種類の離乳食を始める(ミルクや母乳からの栄養も必要)。
●口に入れた物を、えん下(飲み込む)反射が出るところまで送る。

7~8か月ごろ
●1日2回食。口の前のほうを使って取り込んだ物を、舌とあごでつぶしていく。

9~11か月ごろ
●1日3回食。柔らかめの物を歯茎でかじり取る。
●手づかみで食べたり、食べ物で遊び始めたりする。

12~18か月ごろ(離乳完了)
●ひと口分の量や自分で食べる楽しみを覚え、十分に手づかみ食べをする。
●スプーンやフォークで食べたい気持ちが出てくる。

1歳

スプーン(1歳~1歳6か月ごろ)
●上握り(指全体で上からつかむ)

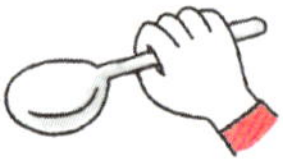

スプーン(1歳6か月~2歳ごろ)
●下握り(まだ指全体を使って握る)

●歯が生えてきて、かむことができるようになる。

0~4か月ごろ ミルクや母乳がメインの時期です。最初はうまく飲めず、授乳回数も多いですが、しだいにじょうずに飲めるようになり、一度に飲む量も増えていきます。

3か月ごろには、遊び飲みが始まります。

5か月~ ミルクや母乳以外で初めて口にする食べ物、離乳食が始まります。このころは食べる基礎が培われる大切な時期です。1回食・2回食・3回食と、段階を追って進んでいきましょう。

また、大人の持っているスプーンなどに興味を示し始め、自分で持ちたがります。

1歳6か月~ 離乳食も完了期を迎え、食事だけで栄養がとれるようになり、えん下やそしゃくもかなり発達します。

自分でスプーンやフォークを持って食べようとしますが、まだうまく口に入れることが難しく、こぼす量も多いです。

2歳 好みがはっきりしてきて、好き嫌いや

食事が楽しい時間になるように、子どもひとりひとりに合わせて、適切な援助ができるようにしていきましょう。

2歳　**3歳**　**4歳**　**5歳**

●好き嫌いが出てくる。

●好き嫌いがはっきりしてくる。

スプーン（2歳ごろ～）

●鉛筆握り（親指・ひとさし指・中指の3本で握る）

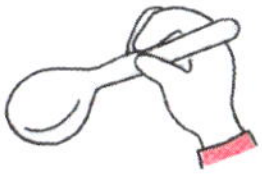

●器に手を添える。

●器を両手で持つ。

●器を片手で持つ。

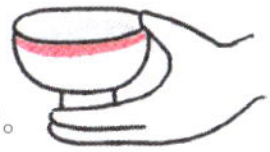

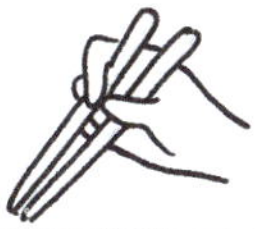

はし

●はしに興味を持ち、時々使おうとする。

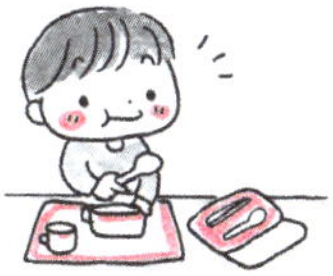

はし

●鉛筆持ちや交差ばしなどで、食べ物を口に運ぶことができる。

はし

●正しい持ち方を意識して、身につけようとする。

●自分のやりたい方法で、好きなように食べ、周りのことは気にしない。

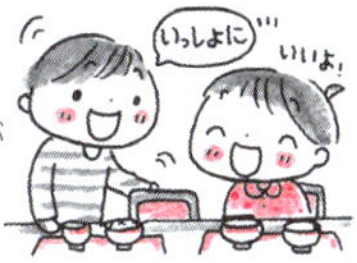

●気に入った人といっしょに食べたがり、ほかの人の食べ方を意識する。

●みんなでいっしょに食べることを楽しみ、スプーンやはしも同じように使おうとする。

●「いただきます」「ごちそうさまでした」のあいさつをして、器やはしをかたづける。

こだわりが出てきます。食事時間は30分位を目安に設定しましょう。

鉛筆握りができるようになると、はしを持たせてみてもよいでしょう。

3歳 はしを持って食べるようになりますが、うまく使えずにこぼすことが多いです。毎回はしを使うことで、ひと口ずつじょうずに運べるようになっていきます。

食事のマナーはなかなか身につきにくいものの、少しずつ覚えていくように、言葉をかけていきましょう。

4歳～ 偏食が強くなったり、食事の時間がかかりすぎたりと、ひとりひとりに差が出てきます。

友達といっしょに食べることが楽しくなり、はしをじょうずに持って食べることができ、マナーも身についていきます。

自分たちで野菜を育てたり、収穫して食べたりして、食べるということを深く感じるようになります。

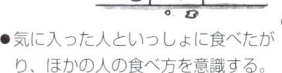

ミルクを楽しく飲むためのかかわり方は？

～10か月ごろ

授乳は、月齢・体重・入園の時期などにより、ひとりひとり違います。保護者とよく話し合ってから、その子どものペースに合わせていきましょう。

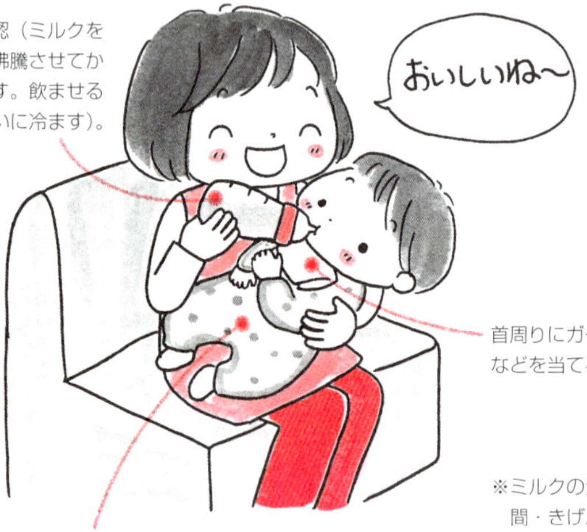
ミルクの温度を確認（ミルクを溶くお湯は、一度沸騰させてから50～60℃に冷ます。飲ませるときは、40℃くらいに冷ます）。
おいしいね～
首周りにガーゼなどを当てる。
オムツを交換しておく。

※ミルクの量・残量・時間・きげんなどを記録しておきましょう。

発達の目安を押さえよう！

月齢を増すごとに授乳間隔が長くなり、飲む量も増えていきます。

新生児～3か月

- 最初はうまく飲めず、授乳間隔が短いが、しだいに飲む力が強くなり、量も増えて、授乳間隔は3時間くらいになる。

ゴク ゴク

▶3～5か月

- 授乳回数は1日5～6回くらいで、一定になる。
- 欲しがるだけ飲ませる。
- 足をバタつかせたり、あちらこちらを見たりする。

キョロ
キョロ
バタ
バタ

▶5～10か月

- ひとさじ1種類の離乳食を始める。
- 欲しがるだけミルクを飲ませる。まだまだミルクや母乳からの栄養が必要。

飲む意欲を高めるアイデア

遊び・環境
ことばがけ

静かに、ゆったりとした気持ちで

家庭でもオススメ

ソファーやイスに座ったり、クッションを置いたりして、保育者がリラックスできる環境をつくりましょう。

授乳中は子どもの顔を見て、話しかけながら飲ませてあげましょう。

ポイント

授乳中に同じ姿勢を保つことで、子どもも安心してミルクを飲むことができます。

手のひらコチョコチョ

家庭でもオススメ

子どもの手のひらをなでたり押したりして、マッサージ遊びをしましょう。

ポイント

感覚が刺激されることで、子どもの指の動きが活発になります。両手でほ乳瓶を支えられるようになると、自分からミルクを飲もうとします。

あれは何かな? こっちはどうかな?

飲ませた後は縦抱きにして背中を軽くさすり、排気（ゲップ）をさせます。

抱っこして話しかけながら、友達や周りのようすも見せて、ゆったりと過ごしましょう。

ポイント

安心感と満足感が感じられるように、優しく揺らしながら歩いて回り、いろいろなものに興味を向けさせましょう。

家庭でもオススメ

離乳食(1) 5~8か月 じょうずな援助のしかたは? 1

5~8か月ごろ

離乳開始の目安は、よだれが多くなる、食べ物を見せると口を開ける、首のすわりがしっかりする、支えると座れることなどです。発達を見て、栄養士や調理師の方と相談しながら決めましょう。

スプーンを下唇に付けてそっと入れ、口を閉じるまで待つ。
食べ物が口の奥に移動しやすいよう、子どもの姿勢を少し後ろに傾ける。
食べることに慣れていない子どもは、あちらこちらを触ったり、食べ物を飛ばしたりするので、必ずシートを敷く。

発達の目安を押さえよう! 口の中の動きが発達していくのに合わせて、援助のしかたも変えていきましょう。

5~6か月ごろ(離乳開始)

- 子どものようすを見ながら、滑らかでドロドロ状の物を、1日1回ひとさじずつ。
- 口に入れた物を、えん下(飲み下す)反射が出るところまで送ることを覚える。
- 子どもがほしがるだけミルクを飲ませる。

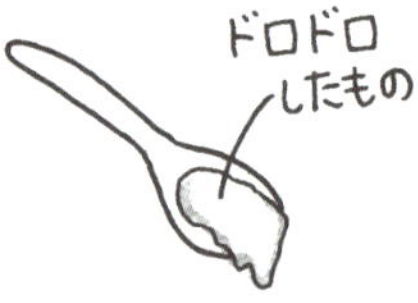
ドロドロしたもの

7~8か月ごろ

- 1日2回食に増やし、口の前のほうを使って取り込んだ物を、舌とあごでつぶしていくことを覚える。
- 味や食品の種類を増やしていき、食事のリズムもつけていく。

おかゆ
固形物

※参考:厚生労働省「授乳・離乳の支援ガイド」

自分で食べる意欲を高めるアイデア

遊び・環境 ことばがけ

お口をあーん

子どもと向かい合ったりひざに座らせたりして、好きな姿勢を取り、「大きなお口を、あーん」と言いながら、口を大きく開いて見せます。続いて「○○ちゃんも、あーん」と誘います。何回か繰り返してみましょう。

ポイント

食事が始まり、保育者から「あーん」と言われると、反射的に口を開けるようになるでしょう。

食べるって楽しいね

保育者は、大きく口を開いたり、おいしそうに食べるまねをしたりしながら、「モグモグ、おいしいね」などと言葉をかけ、口の動きを伝えていくとともに、楽しい雰囲気をつくっていきましょう。

ポイント

離乳食が始まると、それが大変な時間に感じてしまいがちですが、心がけしだいで、保育者にとっても子どもにとっても、楽しい時間に変わります。

入れてみよう、出してみよう

ミルク缶や空き箱に、布やフェルトを巻いてきれいに飾り、ふたに穴をあけます。積み木やスポンジなどを用意しておくと、子どもがそれを穴に入れたり出したりして遊びます。

ポイント

手で物をつかむ練習になるとともに、子どもの好奇心が刺激され、自分から物をつかもうとする意欲も出てきます。

離乳食(2) 9〜18か月 じょうずな援助のしかたは？ 2

9〜18か月ごろ

舌とあごを動かして、歯茎で食べ物をつぶす（そしゃくする）ことができるようになれば、次の段階に移ります。ひとりひとりで違うので、栄養士や調理師の方とも相談して、移る時期を決めましょう。

食事中に子どもの姿勢がずれないよう、背中とイスの背もたれの間に背当てを入れる。

「あーん」と言いながら、子どもに見えるように口を大きく開けて、モグモグ動かす。

手づかみや遊び食べを始めると、ますます汚れるので、必ずシートを敷き、ふきんも多めに用意しておく。

発達の目安を押さえよう！ しだいに歯が生え始め、下やあごの動きも発達し、少し固めの物が食べられるようになっていきます。

▶9〜11か月ごろ

- 1日3回食に増やし、食事のリズムを大切にする。
- 歯茎でつぶせる固さの物で、「カミカミ、ゴックン」と言葉をかけながら進める。
- 柔らかめの物を歯茎でかじり取る。
- 手づかみで食べたり、食べ物で遊び始めたりする。
- できるだけ、家族でいっしょに食事を楽しむ。

▶12〜18か月ごろ（離乳完了）

- 1日3回の食事で、生活リズムを整える。
- 歯茎でかんで食べられる固さの物で、「しっかりかんでね、モグモグ、カミカミ、ゴックン」と、言葉をかけて進めていく。
- ひと口分の量や自分で食べる楽しみを覚え、十分に手づかみ食べをする。
- 手づかみでじょうずに食べられるようになると、スプーンやフォークで食べたい気持ちが出てくる。

手づかみでもしっかり食べられるようになるアイデア

遊び・環境 ことばがけ

モグモグゴックン

パペットを使って遊びましょう。人形の口を大きく開け、「モグモグゴックン」と言いながら、食べるまねをします。また、スプーンを使って人形に食べさせるなどして、食事の風景を遊びで表現してみます。

ポイント

言葉と動きがしぜんに伝わり、食事への楽しみにつながります。

引っ張ってみよう

ティッシュペーパーの空き箱に、不要になった布やハンカチなどを長くつないだ物を入れておくと、子どもは夢中になって、引っ張り出して遊びます。

ポイント

物をつかむ→引っ張るという、連動した動きが、子どもの発達の援助につながるでしょう。

引っ張ってビョ〜ン

段ボール箱にいくつか穴をあけて、平ゴムを通し、内側でしっかりと留めます。子どもがつまみやすいように、先にビーズなどを付けておきましょう。

ポイント

引っ張ると伸びるのがおもしろくて、何度も繰り返して遊びながら、指先の使い方を覚えていきます。

スプーンをじょうずに使うようになるには?

1〜2歳ごろ

手づかみ食べを十分にした後、スプーンに興味を持ち、その子どもなりの方法で握ろうとします。子どもの発達を理解したうえで、ひとりひとりに合ったことばがけをしていきましょう。

隣に座り、スプーンの鉛筆握りを見せる。
じょうずにすくえなくても、保育者が手を添えるなどの援助をする。

発達の目安を押さえよう! まずはスプーンで食べることを楽しみましょう。子どもの手指の機能が発達するにつれて、スプーンの持ち方も変わっていきます。

上握り(1歳〜1歳6か月ごろ)

指全体で上からつかむ。

下握り(1歳6か月〜2歳ごろ)

持ち方が変わるが、まだ指全体を使って握る。

鉛筆握り(2歳ごろ〜)

親指・ひとさし指・中指の3本で握る。

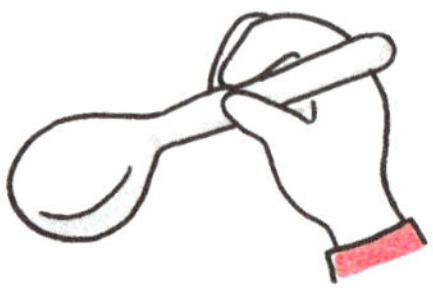

ちゃんと持てるようになるための遊び

遊び・環境
ことばがけ

クレヨンでグルグル

クレヨンを使って、紙に好きなだけグルグルと描いて遊びましょう。

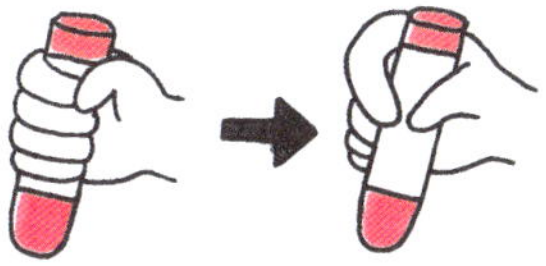

ポイント
じょうずに握って描けるようになると、スプーンの握り方も変わっていきます。

動物さんに食べさせてあげよう

動物が大きな口を開けている絵やエプロンシアターなどを用意します。口の部分を切り抜き、裏側に箱やポケットを付けて、口に入った物が落ちるようにします。フェルトで作った食べ物やスーパボールなどを、大きめのスプーンを使って食べさせてあげましょう。

ポイント
スプーンですくう「動作」と食べ物を口に入れる「イメージ」、両方の促しになります。

すくってお引っ越し

大きめのスプーンを使って、おわんなどの器に入っているおはじきやビー玉などを、別の器にお引っ越しさせます。

慣れてきたら、少し小さめのスプーンを使ってやってみましょう。

ポイント
食器を使って遊ぶことで、実際の食事に近いイメージで取り組めます。

器を持って食べるようになるには？

2歳ごろ～

器に手を添えたり、茶わんを持って食べたりすることを、この時期にしっかりと知らせていきましょう。

また、子どもが持ちやすい器を用意することも大切です。

最初は器が動かないように、保育者が手を添える。
軽くて丸みがあり、底が広くて安定する器。
スープや汁物を飲む場合は、両側に取っ手があると扱いやすい。

発達の目安を押さえよう！ いきなり片手持ちは難しいので、段階を追って、持てるようにしていきましょう。

器に手を添える

器が動くと食べにくいので、器に手を添えると食べやすいことを知らせる。

▶器を両手で持つ

両手で器を持ち、直接口につけて飲んだり食べたりする。

▶器を片手で持つ

利き手と反対側のひとさし指から小指までで底を支え、親指は器の縁に添える。

持ち方のバリエーションを増やす遊び

遊び・環境
ことばかけ

どこにあるかな？

おわん型の器をいくつか用意して、中に子どもの好きな物を隠して、ひっくり返して机や床に並べておきます。

「どこに入っているかな？」と、子どもと探しっこしましょう。

家庭でもオススメ

ポイント

おわんをひっくり返したり重ねたりしているうちに、どうやって持てば持ちやすいかを、しぜんに覚えていきます。

ままごと

いろいろな器を用意しておきましょう。保育者に「ハイ、ドウゾ」としてきたら、遊びの世界を広げていけるように、積極的にどんどんかかわっていくようにしましょう。

ポイント

遊びながら器を持つ練習にもなります。お料理を作ったり運んだり、食べるまねをしたりして、食べ物に興味を持っていきます。

家庭でもオススメ

第Ⅰ章 食事

6 はしを正しく持てるようになるには？

2歳ごろ～

２歳くらいになると、はしを持ちたがります。スプーンを鉛筆持ちで使っているようなら挑戦させていきましょう。

最初はうまく持てなくても、まずは持ったことを褒め、スプーンと併用して使っていきましょう。

保育者もはしを持ち、子どもが右利きなら右横、左利きなら子どもの前に座り、正しい持ち方を見せながら教える。

スプーンとはし、両方用意する。

※左利きの子どもには、前に座って教えます（保育者が左利きの場合は、子どもが右利きなら前、左利きなら左横）。

発達の目安を押さえよう！ はしを正しく持てるように、そのつどことばがけをしていきましょう。

はしに興味を持つ

主にスプーンを使いながら、時々はしも使おうとする。

▶ はしで口に運ぶ

鉛筆持ちや交差ばしなどで、食べ物を口に運ぶことができる。

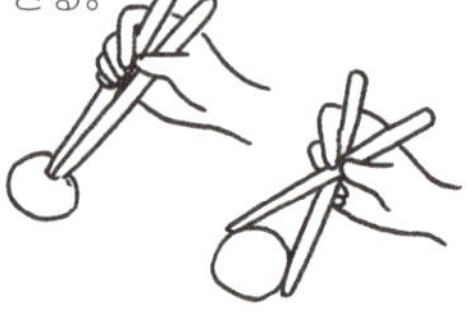

▶ 正しい持ち方を知る

正しい持ち方を意識する。繰り返し練習することで身についていく。

正しく持てるようになるための工夫

遊び・環境
ことばがけ

指人形で遊ぼう

家庭でもオススメ

親指・ひとさし指・中指に指人形をつけ、くっつけたり離したり３本指を立てたりして、いろいろな指の動きをやってみましょう。

ポイント

はしを正しく持って使うためには、親指・ひとさし指・中指の動きがポイントになります。

正しい持ち方を練習しよう

①はし１本を鉛筆持ちします。親指・ひとさし指・中指を伸ばしたり曲げたりして、はしの先を上下に動かします。

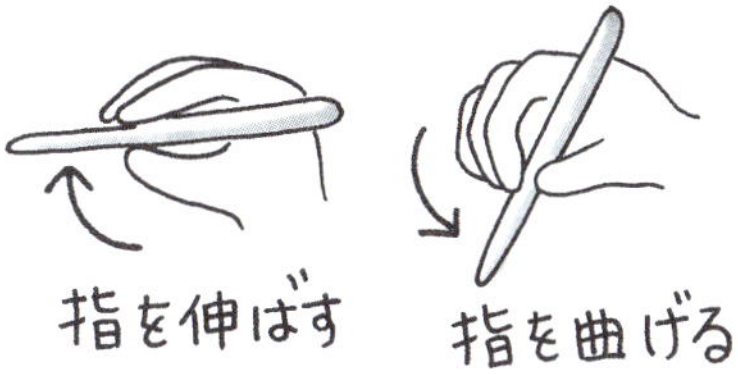

②もう１本のはしを下から差し込んで、保育者が先を持って固定し、上のはしだけを動かします。

家庭でもオススメ

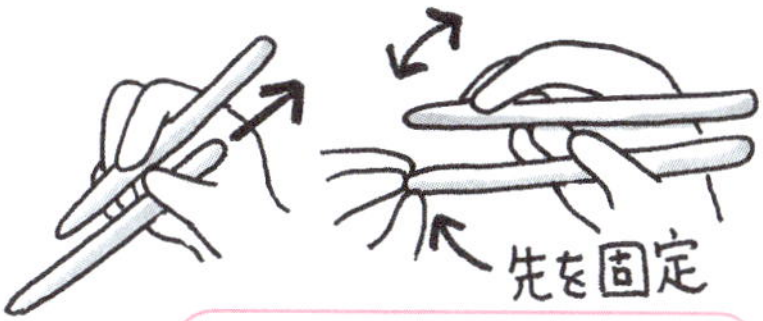

ポイント

動かすのは上のはしだけで、下は動かさないことを覚えられるように援助しましょう。

いろいろな物を挟んでみよう

紙粘土で作った食べ物、スポンジを小さく切った物、食べ物の形をした消しゴム、大きめのビーズ、アズキなど、発達に合わせて材料を変えてみましょう。

また、太めの毛糸をめん類に見たてて、挟んで伸ばしたり、移動させたりする遊びもやってみましょう。

ポイント

物の大きさや形、素材の固さによって、はしの使い方が違うということを、遊びながら学びます。

第Ⅰ章 食事 7

手づかみやこぼして食べる子どもには？

3歳ごろ～

個人差があるとはいえ、３歳になってもまだ手づかみで食べていたり、食べ物をよくこぼしたりするようなら、家庭でのようすもうかがいながら、落ち着いて食べられるような環境を整えていきましょう。

口を閉じて、こぼさないようにかむ。口に食べ物を入れたまま話をしない。
イラ
イラ
はしがまだ難しいようなら、スプーンやフォークも用意する。市販の「しつけばし」などを使ってみるのもひとつの方法。
ポロ
ポロ
今日は スプーンにしようか
イスに深く座り、背中を伸ばし、おなかと机が離れすぎないようにする。

意識の変化をとらえよう！ 集団生活で人とかかわっていく中で、ほかの人との違いを認識すると、見よう見まねで食べ方も意識し始めます。

好きなように食べる
自分のやりたい方法で、好きなように食べようとする。周りのことは気にしない。

▶ **いっしょに食べる**
気に入った人といっしょに食べたがり、ほかの人の食べ方を意識する。

いっしょに
いいよ！

▶ **まねして食べる**
みんなでいっしょに食べることを楽しみ、スプーンやはしも同じように使おうとする。

ジ～～

正しい食べ方を意識するための工夫

遊び・環境
ことばがけ

先生のそばで食べようね

保育者がそばに座って、常に目が届くようにしましょう。はしの持ち方や口を閉じてかむようすも見せていきます。

ポイント

保育者のそばなら安心して、落ち着いて食べることができます。

お口の中がからっぽになってから

あまりほおばりすぎないようにして、ひと口ずつ食べることを伝えます。

口の中の食べ物がなくなってから話すということも、ことばがけしていきましょう。

ポイント

口いっぱいにほおばっていると、のどに詰まる原因にもなります。

お友達はどうかな？

周りの子どもたちがどんなふうに食べているかを意識するように、援助しましょう。

ポイント

まねをしてはしを使おうとすると、食べることにもしぜんに集中します。

しっかりかんでね

歯ごたえのある物は、しっかりかむことを意識するように、援助しましょう。

ポイント

固い物を食べていると、かみ方がじょうずになります。

第I章 食事 8

きちんと座って食事をするには？

3歳ごろ～

食事は、「いただきます」のあいさつから始まります。保育者が手を合わせて頭を下げると、子どももまねをして、しぜんに身についていきます(P.155参照)。

また、食事中のマナーも、子どものうちからしっかりと身につくように援助していきましょう。

利き手ではし、もう片方の手で茶わんを持ち、ひじを机につけない。
クチャクチャと音がしないように、口を閉じてかむ。
ごはんは左、汁物は右、おかずは中央に置く。

食べ終わるまで、イスから立ち上がらない。
ごちそうさまでした

食べ終わったら、「ごちそうさまでした」のあいさつをして、器やはしをかたづける。
全部きれいに食べたね～
すごい!!

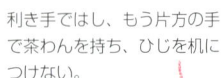

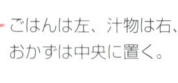

毎日の工夫のポイント

遊び・環境
ことばがけ

姿勢を正して「いただきます」

みんなが座るのを待って、毎回「背中をピーン！　いただきます！」などと、姿勢を正すきっかけとなることばがけをしましょう。

ポイント
みんなで「いただきます」とあいさつをして、“いっしょに食べる”ということも意識できるように援助しましょう。

ふだんから心がけて

はしや茶わんの持ち方、食事中のマナーなどは、保育者が見て気づいたときに、そのつどことばがけをして、直すように促していきましょう。

ポイント
そのままにしておくと、まちがったマナーが身についてしまいます。

最後までがんばって食べようね

食事中に席を離れようとする子どもには、保育者がそばに座り、「終わったら○○しようか？」などと、最後までがんばって食べられるように励ましましょう。

ポイント
おなかがすいていない、量が多い、嫌いだから食べたくないという場合もあります（P.36～39参照）。

わかりやすくマークで表示する

食器を入れるかごには、茶わんやお皿、トレイなどのマークを付けて、わかりやすくしておきます（P.135一段目参照）。

ポイント
最後まで自分で責任を持ってかたづけるという習慣は、ほかの活動にも生かされます（P.135三段目参照）。

第I章 食事 9

好き嫌いが少なくなるには?

3歳ごろ〜

好き嫌いは3歳くらいからはっきりしてきます。大人でも多少の好き嫌いはありますが、味覚の幅が広がると味の好みが変わって、食べられるようになる物もあります。

栄養のバランスを考えて、いろんな味を体験できる機会をつくり、味覚の幅が広がるように援助していきましょう。

濃い味に慣れてしまうと、味の好みが偏ってしまうので、味つけはなるべく薄味を心がけ、苦手な食べ物は量を減らすなどの配慮もする。

保育者がおいしそうに食べて見せ、ひと口だけでも食べるように促す。

発達の目安を押さえよう! 味覚の幅は、3〜8歳で決まるといわれています。味覚が発達するためには、できるだけ多くの味を体験しておくことが重要です。

新生児

有害と思われる味（苦い=毒、酸っぱい=腐っている）に対しては、大人以上に敏感に反応する。味覚というよりも、本能的な反射反応。

離乳期

拒絶反応がやや鈍る（許容範囲が広がる）が、甘み・塩味・うまみ以外の味は受け入れられない。

幼児期〜

経験によって味覚の幅が広がっていくが、初めての食べ物は本能的にいやがって、なかなか食べようとしない（食わず嫌い）。

食べ物に興味を持つ工夫など

遊び・環境 ことばがけ

調理・盛り付け・いっしょに食べよう

調理方法や盛り付け方を変えたり、友達といっしょなら食べられたりすることもよくあります。

ポイント

嫌いな物を食べられたときは、大げさなくらいに褒めましょう。保護者にも忘れずに報告して、いっしょに喜びましょう(P.139三段目参照)。

食べ物ファイルで把握しよう

子どもひとりひとりの好きな食べ物・苦手な食べ物を、わかりやすく表などにしてまとめておくと、保育者が把握しやすくなります。

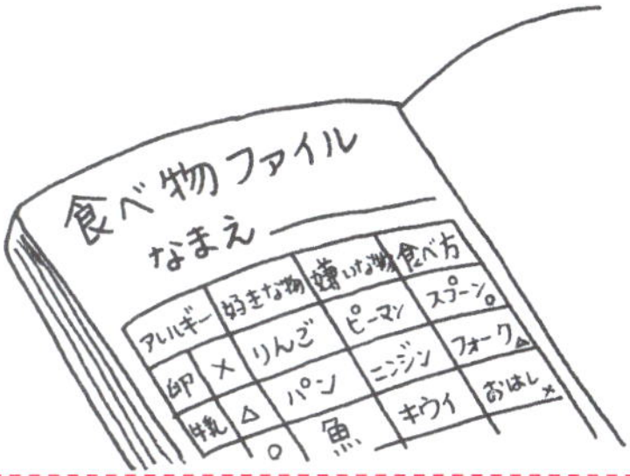

ポイント

はしの持ち方や食べ方、今後の目標、アレルギーの有無なども記入しておくと、子どもの発達ぐあいがわかります。

育ててみよう・作ってみよう

植木鉢やプランターを使って、旬《しゅん》の野菜やお米を育ててみましょう。

また、クッキーの型抜きなど、簡単なおやつ作りのお手伝いを体験する機会もつくりましょう。

自分で世話をした野菜の生長を実感したり、手伝ったりしたことで、食べ物に関心が持てるようになります。

あまり深刻に考えないことも大切

野菜にはもともと苦みやえぐみがあるので、子どものうちは苦手な場合が多いようです。例えばニンジンがだめでもカボチャを食べることで、必要な栄養を補うことはできます。

ポイント

苦手な物を無理矢理押しつけられると、子どもはますますいやになってしまいます。

食べ残しや時間がかかる子どもには?

3歳ごろ〜

「食べ残し」の理由にも、苦手・量が多い・その日の体調が良くない・友達としゃべっていて……など、さまざまことが考えられます。子どもひとりひとりのようすを見て、ことばがけや援助をしていきましょう。

もう おなか いっぱい?
ごちそうさまにする?
チマ
チマ
モソ
モソ

最後まで食べるように励ますが、食べる気がないようなら、時間を決めて(30分くらいで)切り上げる(P.155二段目参照)。

子どもにとっての適量を考えて、食が細い子どもは量を減らす。

意識の変化をとらえよう! 好きな物だけを食べたい、嫌いではないけれども今は食べたくない、残すことへの多少の罪悪感など、いろんな反応を見せます。

乳幼児(離乳期)

苦手な物でさえなければ、自分が満足するまでわりとなんでも食べる。食べすぎて吐くこともある。

パク
パク
モグ
モグ

▶ 好きな物だけ食べる

好きな物はおかわりしてまで食べるが、後は特に苦手な物でなくても平気で残そうとする。

ごちそうさま

▶ 食べるべき物がわかる

食べるべき物だとわかっているが、食べたくない物に対して抵抗する。残すための言いわけをする。

もう おなか いっぱい

意味のある食事時間にするために

遊び・環境
ことばがけ

三角食べをしよう

家庭でもオススメ

ごはんをひと口、おかずをひと口、汁物をひと口と、バランス良く順番に食べていくことで、先に好きな物だけを食べてしまって、食べる意欲がなくなってしまうこともなく、最後まで食べきることができます。

ポイント

日本独自の食文化である「三角食べ」は、口の中で食べ物を調和させるので、味の濃さを自分で調節できます。味覚の幅も広がるでしょう。

これだけは食べようね

家庭でもオススメ

どうしても残してしまう場合でも、おかずの中の一品だけとか、あとひと口だけなどと区切って、達成しやすい目標を示して「食べてみよう」と思う気持ちを促しましょう。

あとひと口だけ
がんばろう!!
うん!

ポイント

あまり長い時間かかるようだと、だんだん食事することがいやになってきます。小さな目標であっても、達成することで満足感を覚え、次はもう少しがんばってみようと思えます。

「もったいない」という感覚を持とう

家庭でもオススメ

食べ物に限ったことではありませんが、子どもたちに対して、「もったいない」「物を大切にする」という意識を持てるようなお話やことばがけをしていきましょう。

漁師さん
調理師さん
大切においしく
食べようね!
は〜いっ!

ポイント

年長児になれば、「生き物の命をいただいている」ということや、「野菜を育てたり、料理を作ってくれたりしている人がいる」ということを理解して、感謝することもできるでしょう(P.155一段目参照)。

食物アレルギーとは？

体には、入ってきた異物を取り除く「免疫反応」という生体防御システムがあります。そのシステムが過剰に反応し、本来異物ではない食べ物を体が異物と判断し、その結果起こる状態が「食物アレルギー」です。食物アレルギーは、ある特定の食べ物（卵・牛乳・小麦など）を口にすることによって、じんましん・下痢・腹痛などのアレルギー反応が出ます。

乳児の場合、消化機能が未熟でタンパク質が分解されず、異物とみなされて抗体ができてしまいます。３歳ごろになると、消化機能が発達してくるため、成長とともに軽くなっていく場合が多いです。

食事は、糖質・脂質・タンパク質・ビタミンなど、バランス良く摂ることを心がけましょう。

おう吐

下痢

じんましん

せき・ぜんそく

緊急事態の症状

アナフィラキシーショック

アレルゲンである食べ物を口にしてから30分以内に、呼吸困難・けいれん・チアノーゼ（※）・意識障害・ショックなど、激しい症状（急性アレルギー反応）が出る状態で、場合によっては死亡することもあります。

子どものようすがおかしいと思ったら、すぐに救急車を呼びましょう。

※動脈の血液中の酸素濃度が低下して、つめや唇が紫色に見えること。

アレルギーへの対応・保護者との連携など

配慮 環境

疑わしいと思ったら

食事日誌をつけてみましょう。じんましん・下痢・唇のはれなどの症状が出た場合は、小児科を受診して相談しましょう。

家庭でもオススメ

ポイント

家庭での食事のようすも聞いておきましょう。

アレルギーのある子どもを受け入れる場合

保護者とよく話し合い、アレルギーを起こす食べ物やそれを口にしたとき、どのような症状が現れたのか詳しく聞いておきます。掛かりつけの病院や緊急連絡先なども把握しておきましょう。

給食やおやつの献立を考えるうえで、栄養士や調理師も含めて対応していきます。ミルクの場合は、アレルギー治療用ミルクなど、除去するものと同じ栄養を持つ食べ物にしていきます。

どのような症状が出ましたか？
保護者

ポイント

園でできることを考えて準備しておきましょう。

保育が始まったら

- 毎月献立が決まったら、保護者にも確認してもらいましょう。細かく書かれた献立表を渡し、チェックをして、園に提出してもらいます。
- 給食やおやつのとき、ほかの子どもの分とまちがえないように、目印を付けておきましょう。

○子どものイスに、色違いのカバーを付ける。
○座る場所を端にして（保育者の目の届く範囲を考えて場所を決める）、まちがってほかの子どもの給食を口にしないようにする。
○食器やおしぼりの色を変える。トレイに目印をつける。
○メニューを再度確認する。

ポイント

ほかの子どもと、見た目にあまり差がないようにしましょう。4・5歳児になると、見た目を気にしたり、食が進まなかったりする子どもも出てきます。

知っておきたい! 食物アレルギー・栄養素

アレルギーを起こしやすい食材

アレルギーを起こしやすいとされている、代表的な食材の一覧です。保育室などのわかりやすい場所に表示しておきましょう。

発症数が多く重篤度が高い食材				
 小麦	 そば	 卵	 牛乳	 落花生
重篤な健康被害が見られる食材				
 アワビ	 イカ	 イクラ	 エビ	 カニ
 サケ	 サバ	 牛肉	 鶏肉	 豚肉
 大豆	 ヤマイモ	 オレンジ	 キウイフルーツ	 モモ
 リンゴ	 バナナ	 クルミ	 マツタケ	 ゼラチン

※上に示した物は一例です。

※参考：厚生労働省「アレルギー物質を含む食品に関する表示について」

バランス良く摂りたい栄養素

三つのグループには、体にとって欠かせない役割があり、それぞれをバランス良く摂取することが大切です。

保育室にはっておくと、子どもたちの食事に対する意識が高まるきっかけにもなります。

黄色グループは、体を動かす力になる食べ物です。
赤色グループは、体を作る肉や骨になる食べ物です。
まーがりん
どれっしんぐ
ばたー
ぱん
じゃがいも
あぶら
もち
まよねーず
ごはん
さとう
うどん
さといも
さつまいも
とりにく
ぎゅうにく
ぶたにく
ういんなー
はむ
かまぼこ
さかな
かい
なっとう
たまご
たこ
ほしえび
こざかな
すてーきにく
ちーず
とうふ
ぎゅうにゅう
MILK
りんご
ほうれんそう
とまと
きゃべつ
きゅうり
なす
いちご
しいたけ
かぼちゃ
ぶろっこりー
ねぎ
にんじん
ばなな
はくさい
ぴーまん
だいこん

緑色グループは、体の調子を整えてくれる食べ物です。

※拡大コピーして保育室にはる場合は、それぞれのエリアを赤・黄・緑に塗り分けておくと、子どもたちにもわかりやすいです。

歌・手遊び

聞き覚えのある曲に合わせて、楽しく遊びながら食べ物に興味が持てるようにしましょう。

♬なにたべよう♬（『グー チョキ パーでなにつくろう』の替え歌）

作詞者不詳（替え歌詞：永井裕美）
外国曲

1.～4.グー チョキ パー で グー チョキ パー で なに たべ よう なに たべ よう
1.み ぎ て は パー で ひだり て も パー で サンド イッ チ サンド イッ チ
2.み ぎ て はチョキ で ひだり て は パー で や きそ ば や きそ ば
3.み ぎ て は パー で ひだり て は グー で めだ まや き めだ まや き
4.み ぎ て は グー で ひだり て は チョキ で ソフト クリー ム ソフト クリー ム

①グーチョキパーで グーチョキパーで

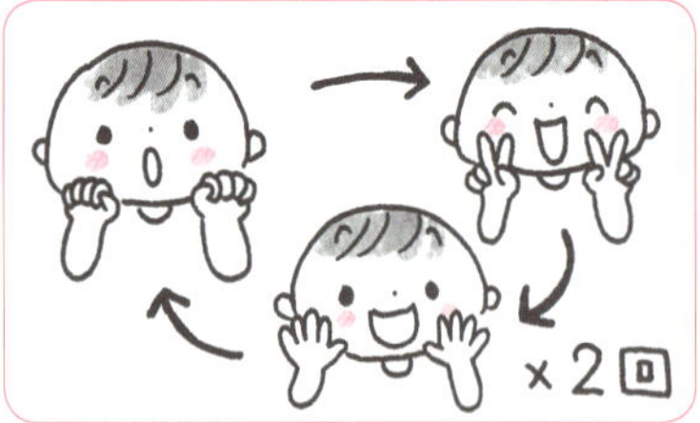
×2回

①両手を前に出し、歌詞に合わせて指をグーチョキパーにする。

②なにたべよう なにたべよう

②胸の前で腕組みをして、体を左右に揺らす。

③みぎてはパーで ひだりてもパーで

③右手をパー、左手もパーにして出す。

④サンドイッチ サンドイッチ

④両手のひらを合わせて、合掌する。

⑤みぎてはチョキで ひだりてはパーで

⑤ ②の後、右手をチョキ、左手をパーにする。

⑥やーきそば やーきそば

⑥右手をはし、左手を焼きそばの入った皿に見たてて、食べるふりをする。

⑦みぎてはパーで ひだりてはグーで

⑦ ②の後、右手をパー、左手をグーにする。

⑧めだまやき めだまやき

⑧左手を右手の上に載せる。

⑨みぎてはグーで ひだりてはチョキで

⑨ ②の後、右手をグー、左手をチョキにする。

⑩ソフトクリーム ソフトクリーム

⑩左手を右手の指の間に挟む。

※ほかにも、「みぎてはグーで　ひだりてはパーで　かしわもち……」(右手を左手で包み込む)など、子どもたちといっしょに、いろいろと考えてみましょう。

ほのぼの劇場 食事編

まねっこでドーゾ

すご～い!!
いっぱい
食べてるね～
パク
パク
パク
パク
ピタッ
あれ？でもまだ
ニンジンさんが
残ってるよ～
おっ!!スプーンを
つかんだ!!
ドキ
ドキ
ドキ
ガシッ
ハイ
ドーゾ♡
ニコッ
え～っ
あ～ん
先生が食べるの～?

第Ⅱ章

排せつ

❶じょうずにオムツを替えるには?……P.50
❷排せつの自立へ、いつから?……P.52
❸オマルやトイレをいやがる子どもには?……P.54
❹オムツからパンツに替えるには?……P.56
❺失敗が増えたときは?……P.58
❻トイレでうんちができるようになるには?……P.60
❼自分でふけるようになるには?……P.62
❽トイレが使えるようになるには?……P.64
❾和式・男性用トイレの使い方は?……P.66
❿気持ち良くトイレを使うには?……P.68
⓫順番を守れるようになるには?……P.70
●楽しくうんちができる　歌・手遊び……P.74

第Ⅱ章 排せつ

子どもの発達の目安をつかんでおこう！

※発達には個人差があるので、目安としてご覧ください。

0歳

●オムツがぬれると、気持ち悪がって泣く。

●寝返りやハイハイができるようになると、オムツ替えのときに逃げようとする子どももいる。

1歳

●おしっこをためられるようになり、オムツがぬれていないことがある。

ぬれてない

出るかな～？

●オマルやトイレに誘い、タイミングが合えばおしっこが出る。

※オマルやトイレをいやがって、近づかない子どももいる。

えらいね～！
行こうね～!!
チッチデル！

●おしっこが出る感覚がわかるようになり、自分から「チッチデル」などと言って知らせてくる。

※オマルやトイレをいやがって、がまんする子どももいる。

2歳

●ぼうこうにためられるようになり、自分でトイレに行きたいという気持ちが高まってくる。

※トイレをいやがって、誘っても「したくない」とがまんする子どももいる。

ブル
ブル
モゾ
モゾ

●トイレでおしっこやうんちが出たことを知らせるが、自分でふこうとせずに、ふいてもらうのを待つ。

でたー ふいて!!
うんち出たね～

●昼間はパンツで過ごせるようになるが、まだ漏らすこともある。

0歳 新生児期は頻繁におしっこやうんちをします。個人差はありますが、1か月を過ぎたころから一日のうんちやおしっこの回数が決まってきます。

この時期のオムツ交換は回数が多いですが、毎回「きれいにしようね」「気持ちいいね」などと、ことばがけをしながら行ないましょう。

子どもの言葉が増えてくると、おしっこが出たことを伝えてくる子どもも出てきます。「よく教えてくれたね」と褒めて、次のステップへとつなげていきましょう。

1歳 おしっこが出る感覚がわかるようになる子どももいます。おしっこのサインに気づいたら、優しくオマルやトイレに誘っていきましょう。

2歳半ごろ～ おしっこが2時間以上ためられ、オマルやトイレで成功するようになったら、パンツに切り替えていきます。個人差が大きいので、ひとりひとりの状態を把握しておきましょう。

パンツをはくようになったとたんに、漏ら

排せつは、なん度も失敗を繰り返しながら身についていく生活習慣です。保護者といっしょに、温かく見守っていきましょう。

3歳

●家以外のトイレをいやがったり、使い方がわからなかったりして、トイレに行きたくてもがまんする子どももいる（園に通い始めたころの３歳児）。

●一定の間隔でおしっこに行くようになり、１回の量も増える。

●トイレに行きたいことを訴えてきて、用を足した後ふいてもらったり、自分でふこうとしたりする。

4歳

●畳んでもらった紙を使って、自分でふく。紙にうんちがついていないか見てもらう。

●ひとりでトイレに行って用が足せる。

●漏らしたり便器を汚してしまったりしたことを、恥ずかしいと思う。

5歳

●起きている間はほとんど漏らさなくなるが、時々おねしょをすることもある。

※園のトイレでうんちをするのを恥ずかしがる子どももいる。

すことが増える場合もあります。子どものようすを見て、オムツと併用しながら進めていきましょう。

3歳 ひとりでトイレに行き、ある程度のことはできるようになりますが、必ず保育者が付き添って、最後まで見守りましょう。

遊びに夢中だったり、ギリギリまでおしっこをがまんしたりして、失敗することや、午睡中に漏らしてしまうこともあります。「失敗してもだいじょうぶ」という気持ちが持てるように配慮して、不安を取り除きましょう。

4歳～ ほとんどひとりでだいじょうぶです。トイレを使うときのマナーもある程度身についてきますが、わかっていてもやらない子どもの姿も目だってきます。保育者もいっしょにトイレに行って、子どもたちの姿を見守り、ときには言葉をかけて、マナーはきちんと守るように確認しましょう。

いやがる子どものオムツを替えるには?

0〜1歳ごろ

　オムツ交換の時間は、スキンシップの機会でもあります。子どもが楽しいと感じられるように、優しく言葉をかけながら行ない、交換後は軽く手足を動かすなどして、刺激を与えていくのもいいでしょう。

オムツを交換する前に、顔遊びや手足をくすぐるなどして、楽しい雰囲気をつくり、ことばがけしながら行なう。

おしっこいっぱい
気持ち悪かったね〜
きれいにしようね〜

下にマットを敷く。

おしりふきで、男の子はおちんちんの後ろ、女の子は前から後ろに向かって汚れをふき取る。

おしりを持ち上げ、きれいなオムツをおしりの下に敷いてから、汚れたオムツを取る。

汚れたオムツをかたづけ、手洗い後、便やおしっこの状態や時間を記録しておく。

※月齢が低いうちは回数も多く、個人差があります。しっかり把握して、汚れたらすぐに替えましょう。長時間つけたままにしておくと、かぶれたりただれたりします。

発達の目安を押さえよう!　成長とともに、子どもの状態はどんどん変わっていきます。活発に動き回る子どもに合わせて対応していきましょう。

寝返りできるころ
寝返りができるようになると、あおむけに寝かせたとたんに、すぐひっくり返る。

くるん

▶ハイハイできるころ
足を伸ばしたりバタバタ動かしたり、逃げたりするようになる。

▶歩き始めたころ
ますます動きが活発になり、逃げ回る。おもしろがって、わざと逃げる。

キャッキャッ
待って〜!

オムツ交換が楽しくなる遊びなど

遊び・環境
ことばがけ

イチ、ニ、イチ、ニ

家庭でもオススメ

オムツを交換する前に、季節の簡単な歌などを口ずさみながら、子どもの両足首を持って、曲げたり伸ばしたり、交差させたりして、体操してみましょう。

ポイント

子どもがリラックスして、オムツ交換がしやすくなります。

持てるかな？

家庭でもオススメ

手で物が握れるようになってきたら、オムツ交換のときに、子どものおしり辺りを少し持ち上げ、自分の両足首を持たせるようにしてみましょう。

ポイント

子どもにも、いっしょにオムツ交換をしているという思いを持たせるようにします。

あんよで「いない　いない　ばあ」

家庭でもオススメ

オムツ交換の前後に、あおむけの子どもの両足を使って、「いない　いない　ばあ」をして遊びます。

ポイント

いつもとひと味違った「いない　いない　ばあ」です。自分の足が使われているのがうれしくて、オムツ交換が楽しみになります。

排せつの自立へ向けて、いつごろから始めるの？

1歳ごろ〜

　排尿間隔が長くなってきたら、ようすを見てオマルやトイレに誘ってみましょう。歩くのがじょうずになってきた、話ができるようになってきた、排尿間隔が２時間あくようになったことなどが、始める目安になります。

そろそろ

それぞれ子どもの排尿間隔を、しっかり把握しておく。

ここでチッチするのよ
チッチ？

オムツがぬれていないときにオマルやトイレに誘い、おしっこをする場所だと知らせる。おしっこが出なくても座るだけで十分。いやがるときは無理をせず、次の機会を待つ。

発達の目安を押さえよう！　排せつは個人差が大きいので、焦らずに、ひとりひとりに合わせて誘っていきましょう。

排尿間隔が安定する

おしっこをためられる時間が長くなり、オムツがぬれていないことがある。

ぬれてない

▶ トイレに誘うと座る

オムツがぬれていないときにオマルやトイレに誘い、タイミングが合えばおしっこが出る。

出るかな〜？

▶ 自分から知らせる

自分から「チッチデル」などと言って知らせてきたときは、たくさん褒める。

えらいね〜！
行こうね〜!!
チッチデル！

トイレに興味を持つ工夫

遊び・環境
ことばがけ

楽しいトイレのイメージを持とう

家庭でもオススメ

トイレの絵本を見たり、絵カードを見たりして、トイレやオマルについて少しずつ興味が持てるように援助していきましょう。

おしっこや
うんちをする
ところはね～
トイレ

ポイント

トイレに対して楽しそうなイメージが持てるように、お話をしましょう。

近くでトイレを見てみよう

友達や月齢の高い子どもたちが、トイレを使っているようすを見てみましょう。行ってみたいという気持ちが芽生えてくるかもしれません。

おしっこ
してるね～

ポイント

友達と同じことをしてみたいという好奇心から、近づいてみようかなという気持ちになります。

かわいいトイレに座ってみよう

家庭でもオススメ

オマルや便器に、かわいい動物や興味のある乗り物などのシールをはってみましょう。座ることへの関心が高まります。

座ってみようか？
どこにする？

ポイント

自分の好きな物につられて、トイレに座ろうとします。

第Ⅱ章 排せつ 3

オマルやトイレをいやがる子どもには？

1歳ごろ～

オマルやトイレに誘ってはみるものの、遊びに夢中になっていたり、オマルやトイレに座ることが不安だったりと、全員がスムーズに行ってくれるわけではありません。子どもの性格や排せつのリズム、いやがる原因を確認しながら、無理強いすることなく進めていきましょう。

おしっこが出たら褒めて、出たことを子どもといっしょに確認する。

おしっこ いっぱい 出たね～
すごいね～ またできるかな～？

きれいにふくから だいじょうぶだよ
ホッ

※まだ失敗することも多いですが、しからずに対処していきましょう。

意識の変化をとらえよう！ 子どもによって、オマルやトイレをいやがる理由はさまざまです。自分から座りたいと思えるまで、ようすを見ていきましょう。

いやがる

オマルやトイレをいやがって、近づかない。

イヤッ

▶少し興味を持つ

ようすを見て誘いかけると、じっと見ている。

お友達が 座ってるね～
ジ～ッ

▶試してみる

行ってみようかな、座ってみようかなという気持ちになる。

出るかな～？

トイレに行くのが楽しくなるアイデア

遊び・環境
ことばがけ

明るい雰囲気のトイレにしよう

殺風景で暗い場所だと、子どもたちが行きたがりません。カラフルなマットや、壁面・窓にかわいい動物たちをはって演出し、思わず行きたくなる雰囲気のトイレにしましょう。

家庭でも
オススメ

ポイント

便座が冷たくて座るのをいやがる場合もあります。シートやタオル地などでかわいいカバーを付けましょう。

ぺったんこシール

おしっこが出ても出なくても、トイレに行ったらシールをはりましょう。壁面にシールをはる場所を用意したり、シールをはるボードを作ったりして、環境づくりをしましょう。

シール
貼ろうね

ポイント

シールがはりたくて、トイレに向かうきっかけになります。

いっしょいっしょ

お気に入りのぬいぐるみなどがあれば、トイレに持って行き、トイレに見たてた箱を置いて、座らせてみましょう。ぬいぐるみもいっしょにやっているという雰囲気が出ます。

いっしょ
だね～
家庭でも
オススメ

ポイント

ぬいぐるみを持って、子どものほうからトイレに行くようになります。

おしっこ　しーしー

トイレでは、保育者が子どもの前に座り、「おしっこ　しーしー」などと、ことばがけをしましょう。

シーシーって
いい音聞こえるかな?
家庭でも
オススメ

ポイント

リラックスしてできるように、楽しく会話をしたり、歌をうたったりしてみてもいいですね。

第Ⅱ章
排せつ
4

オムツからパンツに替えるには？

1～3歳ごろ

　トイレに行って成功する回数が増えてきたら、パンツに切り替えてみましょう。

　集団生活をしていると、友達がパンツをはいているのを見てはきたがることもあります。

今日からパンツマンに
変身だーー!!
オーッ
ぼくも
パンツマンが
いいっ!!
ウズ
ウズ

園ではパンツ、家で夜寝るときはオムツなど、使い分けると負担が軽くなる。

※トレーニングパンツか布パンツかは、園の方針や保護者との話し合いで決めましょう。

子どもによって生理機能の確立が違うため、ひとりひとりに合わせてパンツに替えていく。

発達の目安を押さえよう！　排尿に関する神経が成熟するにつれて、おしっこが出る感覚も覚えていきます。

1歳前後

おしっこが出る感覚がわかるようになる。前を押さえる、足を交差させる、体をブルッと震わせる、落ち着きがなくなる、走り回るなど、おしっこサインが見られたら、トイレに誘ってみる。

ブル
ブル
モゾ
モゾ
おしっこ？

▶ 2歳後半～3歳

ぼうこうにためられるようになり、自分でトイレに行きたいという気持ちが高まってくる。個人差を考慮せずに進めていくと、漏らす失敗が続く原因にもなる。ひとりひとりの生理機能を理解したうえで取り組む。

おしっこ

パンツがはきたくなる工夫など

遊び・環境
ことばがけ

かわいいパンツだね

かわいいキャラクターや模様の付いたパンツだと、うれしくなり、パンツをはきたいという気持ちが高まります。

保育者から「これなあに？」と、模様のことを聞いてみてもいいでしょう。

ポイント

「かわいいね」「かっこいいね」など、子どもは褒め言葉に敏感です。自分のお気に入りの物を認めてもらえると、保育者のことをさらに好きになってくれます（P.103四段目参照）。

トイレトレインしゅっぱーつ

「パンツをはいているお友達、電車が出発します、乗ってください」などと子どもたちにことばがけをして、みんなでトイレに行くように促しましょう。

ポイント

パンツをはいていたら参加できるということを知らせましょう。また、トイレに行きたがらない子どもも、電車に乗って行きたくなるはずです。

漏らしてしまってもだいじょうぶ

パンツでもらしてしまっても、決してしからずに、「だいじょうぶだよ」と優しく言葉をかけて、「気持ち悪かったね、パンツはき替えようか」と、子どもの気持ちを理解してかかわっていきましょう。

ポイント

まだ失敗するのはあたりまえです。焦らずに長い目で見ていきましょう。

5

失敗して漏らすことが増えたときは？

1～2歳ごろ

　失敗が続いて、どうしても漏らしてしまうという場合は、子どもの排せつリズムをもう一度見直して、今後どうするかを決めていきましょう。

　意識しすぎると失敗の原因にもつながります。だれでも失敗するという気持ちで、前向きに進めていきましょう。

パンツぬれて
気持ち悪かったね～

子ども自身もいやな気持ちばかりが増えていくので、一度オムツに戻して、時期を見ながらパンツに切り替えていく。

※しばらく記録を取るなどしてようすを見て、排尿間隔を見直しましょう。

子どもの姿を見極めよう！

排尿に関する神経がまだ成熟していない、病気や体調の悪化、急な気温の変化、家庭環境・生活リズムの変化など、さまざまな原因が考えられます。

排尿に関する神経が成熟していない

早めにトイレに誘っておしっこをしていても、その後すぐ漏らしてしまう。短い時間に何度もトイレに誘うと、おしっこがたまる感覚がわからなくなるので逆効果になる。

さっきトイレに
行ったのに‥
?

体調が悪い・気温や生活環境の変化

病気や下痢などでおしっこやうんちが漏れてしまう。急に寒くなってトイレが近くなる。引っ越しなどで環境が変わり、落ち着かない。長期休暇で生活リズムが乱れた。

おなか
いたい
ゴロ
ゴロ
ブル
ブル

失敗を減らしていくための工夫

遊び・環境
ことばがけ

焦らず気長に、せかさない

オムツと違ってパンツは感触が違うのかもしれません。オムツとパンツを併用しながら、子どもが不安にならないようにことばがけをして、パンツの感触に慣れるまでようすを見ていきましょう。

ポイント

パンツとオムツを行ったり来たりしながら、何度も失敗を繰り返し、気がついたら……というぐらいの心構えでいましょう。

失敗を引きずらない

子どもも保育者も気持ちの切り替えが大切です。服を着替えたら、子どもの気持ちが楽しい遊びや活動に向かうように、ことばがけをしましょう。

ポイント

いやな思いをしたままでは、前へ進みにくいです。

トイレでできた! を忘れない

トイレでできた、すっきりした、パンツがぬれていないといった、成功したときの喜びを忘れないように、ポーズや簡単な歌、ダンスなどで表現しましょう(P.74～75参照)。

ポイント

「やったーポーズ」「すっきりダンス」など、いくつかのパターンを決めておくと、ほかの活動にも生かせます。

トイレでうんちができるようになるには?

2歳ごろ〜

おしっこは早くからトイレでできるようになりますが、うんちの場合は、おしっこよりも後からできるようになります。

朝ごはんを食べた後、うんちをして登園するのが望ましいですが、毎朝忙しくて、ゆっくりトイレに座ることができない家庭事情の子どももいます。

こうやって
紙でふくんだよ

うんちが出た後は、子どもの状態に合わせて、言葉をかけながらおしりをふく。ふき方も知らせて、自分でふけるように援助していく。

子どもの姿を見極めよう! 子どもがうんちに行きたくなったときのサインを見逃さないようにしましょう。気づいたら言葉をかけて、トイレに誘ってみます。

おなかがいたい

おなかが痛いと訴える。おならがよく出る。便秘気味で出ないこともある。

ブー!

落ち着きがない

ソワソワしていて、遊びや活動に集中できない。がまんしている。

キョロ
ソワ
キョロ
ソワ

言葉数が減る・動かない

人目を避けるように、部屋の隅などに行く。すでに漏らしていることもある。

・・・

トイレでうんちができるようになるために

遊び・環境
ことばがけ

どうしてうんちが出るのかな？

うんちの絵本を読んで、体のしくみや、なぜうんちが出るのかなどを知らせていきましょう。

ポイント

「うんちが出ると、すっきりするよ」「体のことを教えてくれるよ」など、うんちをすることに良いイメージが持てることばがけをしましょう。

排便のリズムをつけよう

トイレでうんちをする習慣をつけるために、食後に誘ってみます。出なくても毎日続けていくことで、排便のリズムがついていきます。

ポイント

うんちが出たときは、思い切り喜んで、子どもが次もトイレに行きたいと思えるように援助しましょう。

保護者とも連携しよう

排便のリズムをつけるためには、保護者の協力も必要です。園での子どものようすを知らせたり、家庭でのようすを聞いたりして、連携していきましょう。

ポイント

規則正しい生活リズムを送れるように、保護者といっしょに考えます。

そっとフォローしてあげよう

4・5歳児になると、友達の目が気になり始めます。失敗したときは、周りの友達に気づかれないように、そっと着替えましょう。

ポイント

汚れがひどいときは、シャワーでおしりを洗うなどして、清潔にしましょう。

Ⅱ 排せつ

自分でふけるようになるには?

4歳ごろ~

トイレットパーパーを自分でちぎってふくことが難しくて、家庭でもふいてもらっている子どもたちがいます。トイレットペーパーのちぎり方・畳み方・ふき方を、ていねいに知らせていきましょう。

利き手で約40㎝引き出して、反対の手でペーパーホルダーを押さえてちぎり、ひざの上で2・3回折り畳む。

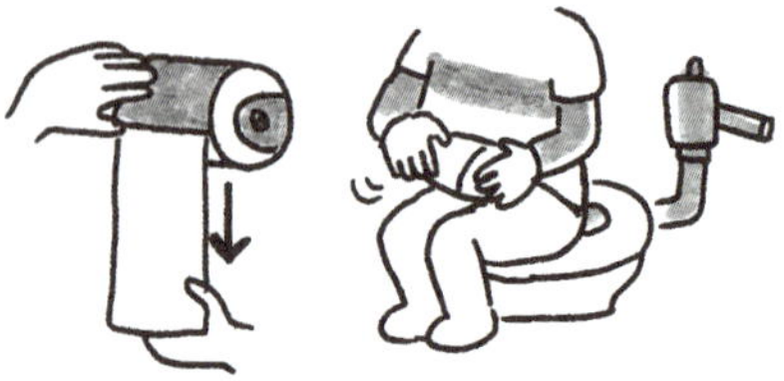

慣れてきたら、利き手で約10㎝引き出し、両手でクルッと2・3回巻いた後、片手でペーパーホルダーを押さえてちぎる。

後ろに
手を回して
こう?

女の子のおしっこの場合は、前から後ろに向けてふく。

意識の変化をとらえよう!

「ふく」という行為は、何回も経験してやっとわかるものです。気長にやっていきましょう。

ふいてもらう

おしっこやうんちが出たことを知らせるが、自分でふこうとせずに、ふいてもらうのを待つ。

でたー ふいて!!
うんち
出たね~

▶ 自分でふいた後、確認してもらう

畳んでもらった紙を使って、自分でふく。紙にうんちがついていないか見てもらう。

どれどれ?

▶ 自分でふける

自分で紙をちぎって畳み、納得する(紙にうんちがつかなくなる)までふくことを繰り返す。

ふけたよ
ジャー
しょうか

自分でふけるようになるための工夫など

遊び・環境
ことばがけ

じょうずにクルクル畳めるかな？

家庭でもオススメ

細長い布で巻きずし遊びや物を包む遊びを楽しんだ後、畳んだり手にクルクル巻いたりして、トイレットペーパーの畳み方を学んでいけるように援助していきましょう。

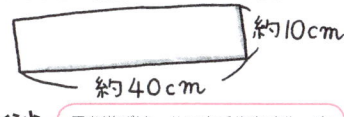

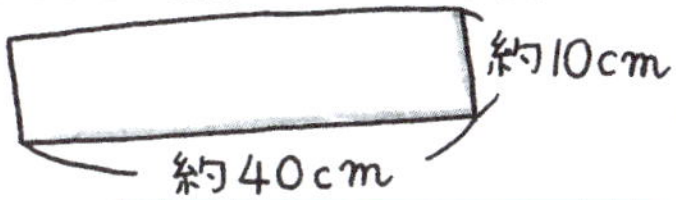
約10cm
約40cm

こうやって
クルクルできる？

ポイント

畳む遊びは、ハンカチやタオル、自分で脱いだ服を畳むことにもつながっていきます。

おしりカキカキおサルさん

おサルさんになりきって遊びます。おしりをかくポーズを取り入れて、後ろからおしりに手を回す動きを覚えていきましょう。

時々「おしりふきふき～」などと入れていくと、子どもたちは大喜びでまねをします。

ウッキッキ～
おしりカキカキ
ウッキッキー
さすが先輩!!
なりきってる！

ポイント

子どもたちは「おしり」「おちんちん」「おならぶー」「うんちぶりぶり」といった、大人がまゆをひそめる言葉を、わざと好んで使います。下品になりすぎないように気をつけましょう。

動物さんに合わせてちぎろうね

トイレットペーパー１回分の長さ（約40cm）がわかるように、ペーパーホルダーの横にかわいいイラストをはって、印を付けておきましょう。

ポイント

キリンの首やウサギの耳、つながってぶら下がったサルなど、子どもが楽しくなる絵にしましょう。「キリンさんのトイレ」「ウサギさんの……」と、いろんなトイレが楽しめます。

ひとりでトイレが使えるようになるには？

3歳ごろ〜

しばらくの間は保育者がいっしょにトイレに行き、最初から最後まで見守りましょう。まだまだ不十分なところがいっぱいあります。さりげなくことばがけをしながら、知らせていきましょう。

①トイレの前でズボンやパンツを脱ぎ、スリッパなどを履いてトイレに入る。慣れてきたら、トイレの中で脱ぐようにする。

②個室に入り、ひざの辺りまでズボンとパンツを下ろし、深く腰掛ける。

③おしっこを済ませたら、女の子はトイレットペーパーで前から後ろにふき（P.62参照）、男の子はおちんちんを持って、滴を振って切る。

④パンツやズボンをはいて、手を洗う。「ひとりでできたね」と、必ず褒めるようにする。

ひとりでできたね！
うん
すごいね！

意識の変化をとらえよう! トイレの雰囲気に慣れてきたら、自分でできるようになっていきます。

がまんしてしまう

家以外のトイレをいやがったり、使い方がわからなかったりして、トイレに行きたくてもがまんする。

おうちとちがう

▶ついて来てもらう

トイレに行きたいことを訴えてきて、用を足した後ふいてもらう。

出たら教えてね
うん

▶ひとりで行ける

ひとりでトイレに行って用が足せるようになり、自分でふく。パンツとズボンも自分ではける。

えらいね〜
おしっこしてきた

ひとりで用が足せるようになるために

遊び・環境
ことばがけ

トイレ探検隊

入園すると、クラスの子どもたちみんなで、まずは園内の施設を見て回りますが、特にトイレは細かいところまで、最初からトイレの使い方を知らせるつもりで、ていねいに説明していきましょう。

といれ
ここがトイレだよ
入ってみようか?

ポイント

保育者が実際に座って見せながら、楽しく伝えていきましょう。

友達といっしょなら……

みんなで遊んだ後や食事前に全員でトイレに行きます。友達が用を足している姿を見ることで、できなかった子どももできるようになり、しぜんに使い方を覚えていくでしょう。

たっくんも
ひとりで
できる?
うん

ポイント

みんなでいっしょに行けば、安心するとともに、友達の目が気になり、ひとりでできる姿を見せようともします。

できたねタッチ!

家庭でもオススメ

保育者はトイレの中まで入らずに、入り口のところで見守りながら、ひとりで用を足して出てくる子どもとタッチしましょう。

やったーっ!!
できたね

タッチ!

ポイント

最後までひとりでできたという、達成感が感じられます。

第Ⅱ章
排せつ
9

和式・男性用トイレの使い方は？

3歳ごろ～

洋式トイレを使っている家庭が多い現在では、和式トイレや立ってする男性用トイレを使ったことがない子どもが多いはずです。しかし、小学校や公園などでは、まだまだ洋式トイレの数が少ないので、幼児期の間に慣れておきましょう。

和式トイレの使い方

①最初はズボンとパンツを全部脱いでから個室に入り、便器をまたぐ（脱いだ服を入れるかごなどを用意する）。

②後ろよりに立ち、少しずつ前に出て定位置を決めてしゃがむ（転げないように、保育者は後ろを支えたり両手を持ったりして援助する）。

③和式に慣れてきたら、ズボンをはいたまま便器をまたぎ、ズボンとパンツをひざまで下ろして、片手でしっかりまたの部分をつかんでしゃがむ。

男性用トイレの使い方

①便器の前に立って、ズボンとパンツを下ろす。

②おなかを少し突き出すようにして、おちんちんを持っておしっこをする。

※慣れていない子どもには、保育者がおしりに手を当て、前に突き出すようにします。

③終わったらおちんちんを振って、滴を切る。

④パンツとズボンを上げて、手を洗う。

和式・男性用トイレに対応するための工夫

遊び・環境
ことばがけ

ズボンとパンツはここだよ

トイレの入口前に、脱いだズボンやパンツを入れるかごや箱を置きます。

かごに動物や果物のマークを付けたり、箱にかわいい模様の紙をはったり絵を描いたりしましょう。

ズボンと パンツは
箱に入れてね
うん！

ポイント

服を入れておく場所の目印になり、ズボンとパンツを脱いで、安心＆リラックスして用が足せます。

足を置く場所はここだよ

和式トイレや男性用トイレの足を置く場所に、ビニールテープをはって枠を作っておきましょう。

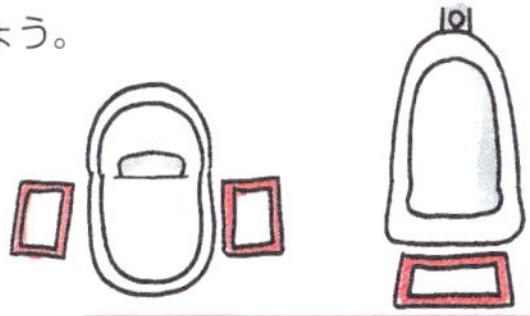

足は赤い線の
中だよ

ポイント

足の位置が決まることで、おしっこやうんちが便器からはみ出ることを防ぎます。

おしっこの的はここだよ

男性用トイレの便器の中に、フィルム素材のシールをはっておくと、男の子たちは無意識にそこをねらっておしっこを当てようとするので、おしっこが便器の外にはみ出ることが少なくなります。

あたれ〜

ポイント

男の子たちは、トイレでおしっこをするのが楽しくなります。

第Ⅱ章
排せつ
10

気持ち良くトイレを使えるようになるには?

4～5歳ごろ

4・5歳児なら、ふだんからトイレをきれいに使い、使うときのマナーも身につけるように促していきましょう。保育者は子どもの状態を把握して、言葉をかけていきましょう。

履き物をそろえる

使ったスリッパなどはきちんとそろえて、次の人が履きやすいように置く。

水を流す

用を足した後は必ず水を流す。流し忘れていたら言葉をかけ、子どもが自分で流すよう促していく。

手を洗う

手を洗わない子どもには必ずことばがけをして、手を洗う意識を持つように援助していく。

便器を汚したら

保育者に言うように子どもに伝えておく。子どもを安心させた後、保育者が掃除や消毒をして後始末をする。

気持ち良くトイレを使うための工夫

遊び・環境
ことばがけ

スリッパはここに置こうね

床にビニールテープなどをはって枠を作り、その中に置くようにするとわかりやすいです。

ポイント

自分が脱いだ靴をそろえる習慣も身につきます(P.111三段目参照)。

うんちくんバイバイ

水を流すイラストをトイレにはっておきましょう。意識づけになります。

ポイント

「うんちが出ておなかがすっきり！水で流して気持ちもすっきり！」と、ことばがけをしましょう。

洗ってすっきり気持ちいい

「おなかがすっきりした後は、手も洗ってすっきりしようね」と促しましょう。

ポイント

めんどうくさがらずに手を洗う意識を持つことは、手洗いの生活習慣を身につけていくことにもつながります(P.126・127参照)。

「せんせー」「なあに?」の関係

ふだんから子どもたちと積極的にコミュニケーションをとり、子どもがなんでも話しやすい関係づくりを心がけましょう。

ポイント

便器を汚してしまっても、決して責めてはいけません。伝えてくれたことを褒め、だれにも言わないことを約束して、信頼関係を築きます。

第Ⅱ章 排せつ 11

トイレの順番を守れるようになるには?

3歳ごろ～

子どもの人数分だけトイレが用意されているわけではないので、順番を守って並ぶことを知らせていきましょう。

順番を守ることができると、公共の場でのマナーなど、社会性の育ちにもつながっていきます。

順番を抜かそうとする子どもは、見過ごさずに必ずその場で注意する。
おしっこ～
スーッ
りくく～ん
ちょっと 待ってね
順番だよ～

意識の変化をとらえよう! ルールやマナーを身につけるうえで、もっとも効果的なのは、本人が人の視線や声を意識することだと思います。

並ぼうとしない

並んでいる子どもを抜かして、先に入ろうとする。

あれ?
スルー
ズルイ!

▶みんなを意識する

順番を守るように何度も声をかけられて、少しずつ意識できるようになる。

じゅんばん
だよ～

▶きちんと並ぶ

順番が守れるようになり、あいているところを見つけて移動する。

あいたよ～
うん
ならんでる

順番を守って並べるようになるための工夫

遊び・環境
ことばがけ

最初は保育者が指示しましょう

最初は保育者が列の先頭に立ち、並び方やあいたトイレに向かうタイミングなどを知らせましょう。

スッキリ した〜!!
はい 次の人かずくん どうぞ〜
は〜い!

ポイント

並ぶルールを理解しておけば、遊具の順番待ちや運動会での競技など、いろんな活動に役だちます。

ここに並んで待とうね

トイレの床にビニールテープで枠や線などをはり、そこから順番に並ぶようにします。

ここで並んで 待てるかな？
は〜い!!

ポイント

銀行のＡＴＭコーナーなどの並び方を参考にしましょう。

後から来たら、う・し・ろ!

順番を抜かした子どもを見かけたら、合い言葉のように「後から来たら、う･し･ろ」と、みんなで声をかけていきましょう。

ともくんは こっちだよ〜
あとからきたら う･し･ろだよ〜

ポイント

みんなから言われることで、しだいに意識できるようになっていきます。

知っておきたい！ 気になる症状、下痢・便秘

0〜2歳児は、下痢や便秘になりやすい？

乳幼児は、食べすぎなどちょっとしたことで下痢や便秘になりがちです。特にまだ「おなかがいたい」と言えない0歳児は、うんちも軟らかいため、下痢なのかどうかの判断もしづらいです。いつもの色と比べてどうなのか、きげんや食欲、顔色などを総合的に見て判断しましょう。

下痢の場合、どんなうんちが出ているか、何回出るか、鼻水・せき・発熱などの症状はないか、おしっこの量は減っていないかなどをチェックします。

便秘の場合は、ミルクを飲む量や離乳食で水分が足りているか、血が出ていないかなどをチェックしましょう。

うんちの回数が多く、ふだんより柔らかかったり水のようだったりする。

おなかが張って、ポッコリしている。

うんちのとき、まっ赤になっていきむ。

うんちが固い。コロコロしている。

脱水症状のサイン

下痢のときは体から水分が出てしまうので、脱水症状にならないように、こまめな水分補給をしましょう。

こんな症状が見られたら病院へ

①おしっこの量が少ない。よく血便が出る。
②泣いていても涙が出ていない。
③呼吸が「ハアハア」と荒く、眠たそう。
④顔色が白っぽく、肌が冷たい。

①

②

③

④

園での対応・心がけ

配慮　環境

こまめな水分補給を

下痢のときは体の水分が不足しがちになり、便秘が続くと腸内で水分が吸収されてしまい、うんちが固くなりがちです。いずれの場合もこまめに水分補給することを心がけましょう。

ポイント

便秘の場合は、水分補給だけではおしっことして出てしまいます。食物繊維を含んだ食事内容にしましょう。

食欲があるならだいじょうぶ

下痢や便秘のときでも、しっかりと食事ができているのなら、それほど心配する必要はないでしょう。ただし便秘が続くとおなかが張って、食欲が落ちてくることもあります。

ポイント

子どものおなかを「の」の字でマッサージしたり、適度な運動遊びをしたりして、排便を促しましょう。

おしりはいつも清潔に（下痢）

おしりが何度も汚れるので、下痢のときはこまめにオムツ交換をしたり、シャワーできれいに洗ったりして、清潔が保てるようにしましょう。

ポイント

ほうっておくと、おしりがかぶれてしまいます。

出そうな感覚がしたら（便秘）

「ウンチデル」とオマルやトイレに座っても、便秘のときはなかなか出ないものです。そのときに出なくても、保育者は気長に見守りましょう。

ポイント

うんちが固く、いきんで出すので、痔《じ》の原因にもなります。出血していないかどうかも確認しましょう。

歌・手遊び

リズミカルな歌に合わせておなかをさすり、うんちが出そうな雰囲気にしていきましょう。

♬クルクルおなか♬（『コロコロたまごは』の替え歌）

作詞・作曲不詳（替え歌詞：永井裕美）

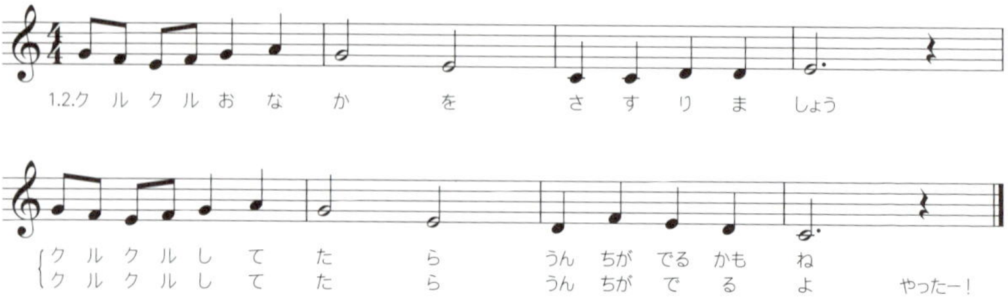
1.2.ク ル ク ル お な か を さ す り ま しょう
ク ル ク ル し て た ら うん ちが でる かも ね
ク ル ク ル し て た ら うん ちが で る よ やったー！

※保育者といっしょにトイレに入り、最初は子どもの両手を持って動かしてあげましょう。

①クルクルおなかを

①両手を胸の前でクルクル回して、かいぐりをする。

②さすりましょう

②片手でおなかの辺りをグルグルさする。

③クルクルしてたら

③ ①と同様の動きをする。

④うんちがでるかもね

④両ひじを曲げてこぶしを握り、４回上下させる。

⑤クルクルおなかを

⑤片手でおなかの辺りを上下にさする。

⑥さすりましょう

⑥両手でおなかの辺りを上下にさする。

⑦クルクルしてたら

⑦両手でおなかの辺りをグルグルさする。

⑧うんちがでるよ

⑧ ⑦と同様の動きをする。

※①〜⑧を繰り返し、うんちが出たら

⑨やったー！

と、ばんざいをする。

ほのぼの劇場 排せつ編

おしりから…

うんち でた〜？
でたーー!!
おっきいバナナ みたいだね〜
うん
保育室
みんな どうしたの？
ザワ
ほんとに!?
うん
ザワ
ザワ
へ〜っ
みくちゃんがね おしりから バナナでたって
え？
こ〜んなに おおきかったの
いたい！
たべられるの？
すげ〜

第Ⅲ章

睡　眠

❶乳児が安心できる環境づくりは？……P.80
❷幼児期の午睡のあり方は？……P.82
❸騒ぎだす子どもには？……P.84
❹なかなか起きない子どもには？……P.86
❺まったく寝ない・早く目覚める子どもには？……P.88
●気持ちのいい入眠・目覚めの　歌・手遊び……P.94

子どもの発達の目安をつかんでおこう!

※発達には個人差があるので、
目安としてご覧ください。

0歳 - - - - - - **1歳** - - - - - - **2歳**

3・4か月～

- 日中2・3回眠る。
- 眠りが浅かったり深かったりする。

※寝返りができるようになるまではあおむけで寝かせて、30分に1回はようすを見る。

8か月～

- 昼間起きている時間が長くなり、午前と午後に1回ずつ寝る。

1歳半～2歳

- 午後1回の午睡（年齢や個人差により、睡眠時間は違う）。

新生児～

2～3時間眠ってはミルクを飲むことを繰り返し、一日18～20時間寝ます。睡眠は脳や身体の発達を助けています。少しずつ睡眠のリズムが定まり、起きている時間が長くなってきます。

この時期は、乳幼児突然死症候群（SIDS・P.93参照）に気をつけて、あおむけ寝を心がけ、定期的に呼吸の確認や子どものようすを見るようにしましょう。

8か月～

午睡が一日2回程度と落ち着いてきて、起きている時間は遊びを楽しむようになります。

2歳～

午睡の回数が一日1回になってきます。午前の活動を存分に楽しむことで、午睡前になるとしぜんに眠くなります。睡眠のリズムをつけていきましょう。パジャマに着替えて午睡をする園もあります。

成長とともに脳は発達し、睡眠の役割は、

子どもひとりひとりに配慮しながら、午睡の環境を考えて、小さいうちから生活リズムを整えていけるようにしましょう。

3歳 → **4歳** → **5歳**

※保育園では、昼食後が午睡の時間に充てられる。しっかり寝て体を休める（幼稚園では午睡がない）。

まだまだ遊びたい

- 午前の活動量が少ないと、体力がありあまって眠りにつけず、まだ寝たくない。
- 友達や周りのようすよりも、自分が遊びたい気持ちを優先させる。

友達が寝ようとしているのがわかる

- 保育者や友達から言われたり、自分で気がついたりして、周りの状況が見えてくる。静かにしようとする。
- 午睡前に気持ちが落ち着くようになる。

ねてる…
ぼくも
ねよう

※午睡の時間を短くしたり夏の間だけにしたりして、午睡をなくしていく（園によって違う）。

- 体力の差や短時間の睡眠で回復する子ども、長時間必要な子ども、寝られない・早く目が覚めてしまう（午睡を必要としていない）子どもなど、個人差が出てくる。

おはよう
目が覚め
ちゃったね
おはよう

よく寝てる…
スヤ スヤ

※小学校での生活に向けて、午睡をせずに生活リズムを整えていく。昼間は起きて、夜に寝る。

日中の疲れた体や脳を休めることに向けられます。

3歳〜

午睡の時間が短くなり、13時〜14時30分、または15時ごろを午睡の時間に充てます。

友達といっしょに寝ることを楽しみ、騒ぐ子どもも出てきます。午睡前に絵本を見て静かに過ごすなど、活動内容にメリハリをつけていきましょう。布団敷きを手伝ったり、寝ていた布団をかたづけたりもします。

4〜5歳

体力がつき、午睡なしでも過ごせるようになっていきます。眠れない子ども用に、静かに活動ができる場を用意しておきましょう。

夏の間だけ午睡を取り入れたり、小学校入学に向けて３学期から午睡をなくしたりして、昼間の過ごし方が変わってきます（園によって違います）。保護者とも連携して、早起き・早寝の意識を持って、生活リズムを整えていくようにしましょう。

乳児が安心して寝られるようにするには?

～2歳ごろ

脳や体が未発達の乳児期は、夜の睡眠だけでは足りないので、午睡をして補っていきます。保護者から睡眠のサイクルを聞くなどして、子どもが安心して寝られるようにしていきましょう。

午睡のときは、あえて室内を暗くする必要はない。静かにして、保育室の温度や湿度にも気を配る。
月齢が低いうちは何度も寝る。いつでも寝られる環境を整えておく。
ねんね しようね～
こっちで遊ぼう
薄目のレースのカーテンなどで、直射日光を遮る。

※ぐっすり眠った後は、遊びに誘ったり外気に触れたりして、活発に動くようにしましょう。
※特に注意が必要な、乳幼児突然死症候群(SIDS)については、P.93を参照してください。

発達の目安を押さえよう!

成長とともに寝る回数が減り、起きている時間が長くなっていきます。

3・4か月～

- 日中2・3回眠る。30分に1回はようすを見る。
- 眠りが浅かったり深かったりする。ぐっすり眠ってからベッドに寝かせる。
- 寝返りができるようになるまでは、あおむけで寝かせる。

ぐっすり
そ～っと

8か月～

昼間に起きている時間が長くなり、午前と午後に1回ずつ寝るようになる。

1歳半～2歳

午後1回の午睡。年齢や個人差により睡眠時間は違うが、だいたい13時～15時を午睡の時間に充てる。

安心して寝られるようにするための工夫

遊び・環境
ことばがけ

寝る場所を確保しよう

パーテーションを置いたり、棚でしきったりして、寝る場所を常に確保しておきます。そこに行くと、しぜんに眠たくなるような環境を整えましょう。

ポイント

場所をしきると、気持ちも切り替えやすくなります。

だっこ・おんぶでねーんね

家庭でもオススメ

元気な子どもに対して、だっこやおんぶをしたり添い寝をしたりして、子どもが安心して眠たくなるようにしていきます。

子守歌をうたうのもいいでしょう。

ポイント

ほど良い揺れや歌は、気持ち良く眠りに誘っていきます。

リラックスしよう

家庭でもオススメ

寝るときは、静かな曲を聞いたり簡単な絵本を読んだりして、リラックスできるようにしましょう。

ポイント

気持ちが落ち着いてくると、眠りに入りやすくなります。

幼児期の午睡はどうあるべきなの？

3歳ごろ～4歳

午睡には、午前の活動で疲れた体を休めるという意味があります。３歳ごろになると、体力の差や短時間の睡眠で回復する子ども、長時間必要な子どもなど、個人差が出てきます。

保育園では、４・５歳児で午睡をなくしていくところが多く、幼稚園では、３歳児でも午睡の時間がありません。

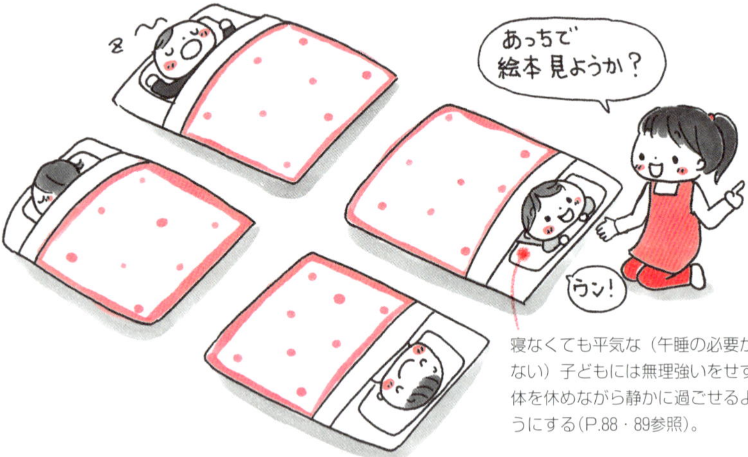
z
あっちで
絵本見ようか？
ウン！

寝なくても平気な（午睡の必要がない）子どもには無理強いをせず、体を休めながら静かに過ごせるようにする(P.88・89参照)。

※保育園は「生活の場」で、比較的保育時間が長い場合が多く、幼稚園は「教育の場」で、就学前に、昼間は起きておく生活リズムにしようということから、午睡のとらえ方に違いがあるようです。

発達の目安を押さえよう！

４歳ごろになると、午睡なしで過ごせる子どもも出てきます。午睡が夜の睡眠に響かない（遅寝にならない）ようにしましょう。

3歳児

保育園では、13時～14時30分が午睡に充てられる。しっかり寝て体を休める。

zz…

4歳児

午睡をする場合は時間を短くしたり、夏の間だけ午睡を入れたりする（園によって違う）。

ふあ～

5歳児

小学校での生活に向けて、午睡をせずに生活リズムを整えていく。昼間は起きて、夜に寝る。

しっかり眠れるようにするための工夫

遊び・環境
ことばがけ

午睡前は静かな活動をしましょう

昼寝の前に活発な動きを入れると、興奮して眠れなくなります。昼食後から午睡までの間は、絵を描いたり絵本を見たりして、静かに過ごしましょう。

ポイント

静かに過ごすことで、心身共に落ち着いた状態になり、スムーズな午睡につながっていきます。

ぐっすり眠ってすっきりお目覚め

午睡前は静かで眠りを誘う曲、起床時は目覚めの良い曲をかけて、雰囲気づくりをしていきましょう。

ポイント

子どもたちは、入眠・起床の合図として覚えていきます。

お当番に来ました

午睡を必要としなくなった5歳児が、3歳児のところへ行き、寝かしつけてみましょう。当番を決めて、何人かで保育者の助手をしてもらいます。

ポイント

年長児とふれあい、食後の静かな活動としてもぴったりです。

Ⅲ
睡眠

第Ⅲ章 睡眠 3

午睡時に騒ぎだす子どもには?

3・4歳

友達が隣にいると話をしたくなり、それがエスカレートして騒ぎだすことに……。静かに眠りに入れるよう、午前の活動を工夫して、子どもの反応を見ながら進めていきましょう。

し〜
みんな
寝てるよ〜
キョロ
キョロ

みんなが寝ようとしていることを伝えて、周りの状況に気づかせる。

※騒ぎだす子どもの一日のようすや、午前の活動を見直して、静かに午睡できるようにしていきましょう。

意識の変化をとらえよう! 自分の欲求と、友達の気持ちや状態との違いに気がつくことで、社会性を身につけていきます。

まだまだ遊びたい

- 午前の活動量が少ないと、体力がありあまって眠りにつけず、まだ寝たくない。
- 友達や周りのようすよりも、自分が遊びたい気持ちを優先させる。

▶ 友達が寝ようとしているのがわかる

- 保育者や友達から言われたり、自分で気がついたりして、周りの状況が見えてくる。静かにしようとする。
- 午睡前に気持ちが落ち着くようになる。

ねてる…
ぼくも
ねよう

静かに午睡できるようにするための工夫

遊び・環境
ことばがけ

お布団どこがいいかな?

その日の子どもの状態によって、だれとだれを離したほうがいいということなどを考えながら、子どもたちといっしょに布団を敷く場所を決めていきましょう。

ポイント

朝からの状態や友達とのやりとりなどを考え、静かな環境をつくることで、騒ぐことも少なくなります。

今日のおやつは何かな?

騒いでいる子どもたちに、「今日のおやつは○○○だよ。布団に入ってたっぷり寝たら、おいしく食べようね」などと、言葉をかけてみましょう。

ポイント

大好きなおやつを予告すると、それを楽しみにして、静かにしようとします。

先生、○○ちゃんと寝ようかな?

布団に入ろうとしない子どもに、「先生、○○ちゃんと寝たかったんだー。いっしょに寝よう」と誘ってみましょう。

ポイント

保育者がいっしょに添い寝することで、気持ちを落ち着かせていきます。

第Ⅲ章 睡眠 4

なかなか起きない子どもには？

3・4歳

起床時間になってもなかなか起きられない子どもは、午前の活動が十分でなかったという以外にも、何か原因が考えられます。家庭でのようすを聞きながら対応していきましょう。

子どものようすをしばらく見守り、保護者と園や家庭でのようすを話し合う。保護者にも協力してもらい、睡眠のリズムを整えていく。

子どもの姿を見極めよう！ 起きられない原因を探り、子どもがすっきり目覚められるようにしていきましょう。

朝から眠たそうにしている

睡眠不足で、あくびをしたりぼーっとしたりしている。あっという間に熟睡する。

寝起きのきげんが悪い

眠るまでに時間がかかり、起床時間と目覚めのタイミングが合わない(P.90〜92参照)。

睡眠のリズムを整えるための工夫

遊び・環境
ことばがけ

おうちで寝るときは？

夜寝るとき、どんなことをしているのか、明かりをつけて寝るのか、朝は起こしてもらうのかなど、子どもたちと話し合ってみましょう。夜遅くまでテレビを見ている、絵本を読んでもらうなど、各家庭のようすがわかります。

ポイント

子どもたちに、早起き早寝の大切さも伝えていきましょう（P.91一・二段目参照）。

記録して原因を探ろう

朝のようすや午睡のようすを記録してみましょう。登園時に元気があるか、布団に入ってから寝るまでの時間、睡眠中の姿、起床時のようすなどを書くことで、どのように援助していくのか、方向性が見えてくるでしょう。

ポイント

わかった原因をもとに保護者と話し合い、子どもがすっきり起きられるように協力してもらいましょう。

睡眠のリズムを整えよう

睡眠表を作り、起床時間、就寝時間をそれぞれ決めて記入します。家庭で２週間、決めた時間を守ることができたら、シールをはりましょう。

後日、園に持ってきてもらい、実態を把握します。

ポイント

睡眠リズムをつかみ、保護者にも生活環境の改善を意識してもらえます。

Ⅲ 睡眠

第Ⅲ章 睡眠 5

まったく寝ない・早く目覚める子どもには？

4歳ごろ〜

必要な睡眠時間は子どもによって違い、成長とともに午睡を必要としなくなっていきます。寝られない子どもや早く目が覚めてしまう子どもを把握して、対応していきましょう。

寝られない（午睡を必要としていない）子どもは、無理に寝かせようとせずに、静かに別の活動をする。
じょうずにぬれた？
早く目が覚めたときは静かに起きて、別の場所で過ごすようにする。
おはよう 目が覚めちゃったね
おはよう！

午睡しない子どもたちの過ごし方の工夫

遊び・環境
ことばがけ

起きていてもいいよ

絶対に午睡をしなくてはいけないということはありません。個人差があるので、睡眠をとらなくても元気な子どもには、無理強いしないようにしましょう。

机に向かって絵を描いたりぬり絵をしたりして、静かに遊びましょう。

起きていてもいいという安心感を持ち、静かな環境で、集中して活動に取り組めます。

お手伝いしてね

早く目が覚めて、布団の中で退屈そうにしているときは、おやつの準備(机をふくなど)を手伝ってもらいましょう。

お手伝いをすることに対して、積極的になっていきます。

昼間起きていられるように

クラス全体の子どもの状態を見ながら、午睡をなくしていきます。いつから午睡をやめるかは、前もって保護者に伝えておき、夜の睡眠をしっかりとることや、早起き早寝を心がけてもらうようにしましょう(P.91三段目参照)。

小学校に向けて、午睡をしない生活に慣れていきます。

Ⅲ 睡眠

知っておきたい！睡眠の大切さ・SIDS

規則正しい睡眠が果たす、大切な役割とは？

人間の生体リズムは、多くの場合一日25時間サイクルです。目の後ろ辺りに視《し》交《こう》叉《さ》上《じょう》核《かく》という部分があり、毎朝目に太陽の光を感じることで、体内時計が働き始めます。そして、体内時計が睡眠の覚醒・体温・ホルモンの分泌リズムを整えることにより、生体リズムを一日24時間に調節しているのです。

毎朝起きる時間がバラバラだと、体内時計のリセット時間が狂ってしまい、ぼんやりする・イライラする・疲れやすい・遊びに集中できない・脳の発育が阻害される……などの問題が引き起こされます。

睡眠と脳の発達のサイクル

決まった時間に起きる ▶ **昼間の活動** ▶ **決まった時間に寝る**

決まった時間に起きる
毎朝太陽の光を目で浴びて、体内時計をリセット。

昼間の活動
園にいる間、元気に活動する。

決まった時間に寝る
昼間学んだことを、夜寝ている間に整理して、脳に記憶させる。

早起き・早寝の意識づけ

遊び・環境
ことばがけ

ペープサートで知らせよう

早起き早寝をテーマにしたお話で、子どもたちに視覚でも伝えていきましょう。

z…

ウサギさんは
夜寝るのが
遅かったので…

ポイント

子どもたちに理解しやすい内容を考えましょう。

今日、何時に起きた？

５歳児になると、話し合いも活発にできるようになります。毎日、何時に起きたのか話し合ってみましょう。

保育者が早く起きた子どもを思い切り褒めて、がんばりを認めることで、ほかの子どもたちも意識し始めます。

早起き
できたね～!
ウン!
おきれる
かな～?
あしたから
がんばろ～
はやく
ねたら?

ポイント

子どもたちの早起きへの意識が高まります。毎日同じ時間に起きることで、一日の生活リズムが安定し、しぜんと早寝するようにもなります。

保護者にも理解してもらいましょう

子どもが早起き早寝を意識していても、保護者の協力なしでは進められません。手作り教材や市販の物を利用して、早起き早寝の大切さを理解してもらいましょう（P.89三段目参照）。

せんせいから
おてがみ?
そう!
早く寝たほうが
いいんだって!!

ポイント

保護者自身が早起き早寝を心がけることで、家族みんなで、しっかりと朝ごはんを食べることもできます。

知っておきたい! 睡眠の大切さ・SIDS

睡眠のしくみとサイクル

子どもは、十分な睡眠を取らなければ、脳や体の発育に影響が出ます。しっかり睡眠が取れるように、生活リズムを整えましょう。

レム睡眠とノンレム睡眠

脳が活動していて、目を閉じた状態で眼球がすばやく動いている状態(夢を見たり、たまに夜泣きをしたりする)を「レム睡眠」、脳が休んでいて、眼球が動かない状態(深い眠り)を「ノンレム睡眠」といいます。寝入って間もないころはノンレム睡眠になり、徐々に浅く短くなってから目覚めていきます。

乳児期はほとんどレム睡眠

乳児期は、レム睡眠を多くして脳を活発に活動させることで、脳の発育を助けています。成長とともに、睡眠は日中の疲れた体や脳を休める役割になっていきます。

幼児期はノンレム睡眠が増える

睡眠中の子どもたちの脳からは、いろいろなホルモンが分泌されますが、成長ホルモンは、昼寝では分泌されません。夜眠りについてから4～5時間分泌され、特に23時～2時の間は、集中的に分泌されます。

毎晩深い睡眠(ノンレム睡眠)が十分にとれていれば、成長ホルモンがたくさん分泌され、子どもの発育を促進します。

乳幼児突然死症候群（SIDS）とは？

　それまで元気だった子どもが、寝ている間に突然亡くなってしまう病気です。生後０～６か月くらいに多く見られ、まれに１歳以上で発症することもあります。

　はっきりした原因はまだわかっていませんが、いくつかの共通点が挙げられます。

　保育者は、子どもの大切な命を預かっているということを自覚して、少しでもリスクを下げられるように、園でも気をつけていきましょう。

※2009年12月現在

厚生労働省からの情報では

- 医学上の理由でうつぶせ寝をさせる必要がある以外は、あおむけで寝かせましょう。うつぶせ寝がＳＩＤＳを引き起こすという根拠は、今のところまだありませんが、あおむけ寝に比べて発症率が高いというデータがあります。
- 人工乳が悪いというわけではありませんが、できるだけ母乳を飲ませるようにしたほうが良いようです。
- たばこの副流煙が、ＳＩＤＳ発症の大きな危険因子となっているというデータもあります。妊婦自身の喫煙や子どものそばでの喫煙は控えて、子どもを喫煙場所の近くには連れて行かないようにもしましょう。

園でできること

- 定期的に、睡眠中の子どもが呼吸をしているか、確認しましょう。
- 子どもをあおむけに寝かせます。寝返りをするようになったら、特に気をつけましょう。
- 冷凍母乳の希望があれば、受け入れるなどしましょう。

Ⅲ 睡眠

歌・手遊び

曲に合わせて午睡前に静かな雰囲気をつくったり、元気に起きられるように援助したりしましょう。

♬○○ぐみのおへやで♬（『おおきなくりのきのしたで』の替え歌）

作詞者不詳（替え歌詞：永井裕美）
外国曲

①○○ぐみのおーへやで

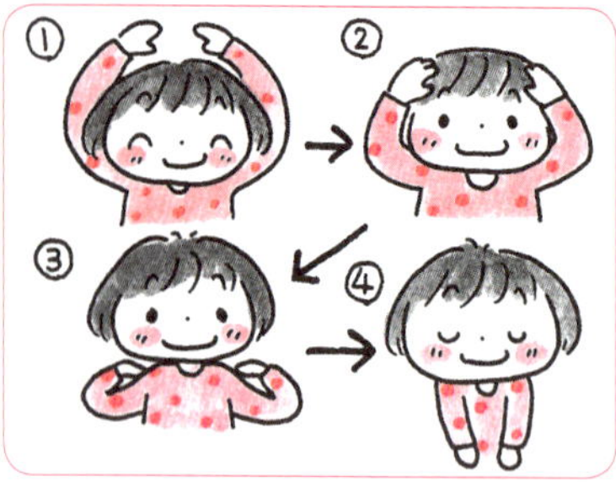

①両手を頭上に挙げて丸を作り、頭・肩・下の順に下ろしていく。

②おともだちとわたし

②前を指さした後、自分をさす。

③なかよくひるねして

③胸の前で順番に手を当てて交差させ、体を左右に揺らす。

④○○ぐみのおーへやで

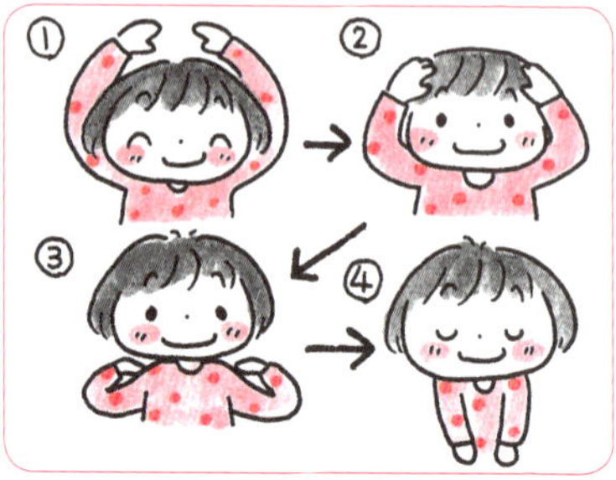

④ ①と同様の動きをする。

♬元気におきて♬(『ちょうちょ』の一部の替え歌)

作詞：野村秋足　稲垣千頴(替え歌詞：永井裕美)

スペイン民謡

1.お き て お き て げ ん き な ○○ ぐみ さん
2.お き て お き て げ ん き な ○ ○ ちゃん
き が え を す ま せ て お や つ を た べ よう

①おきておきて　げんきな　○○ぐみさん　きがえをすませて　おやつをたべよう

起きる時間になったら、保育者が手をたたきながら、元気良く繰り返してうたいましょう。

♪おきて〜
おきて〜
う〜ん
ふあ〜

②おきて　おきて　げんきな　○○ちゃん(くん)　きがえをすませて　おやつをたべよう

なかなか起きようとしない子どもがいたら、そばまで行って、名前を呼びながらうたいましょう。

♪おきて〜おきて〜
げんきな はるきくん
ボ〜ッ

ほのぼの劇場 睡眠編

手ごわい相手

第Ⅳ章

着　脱

❶乳児の援助のしかたは？ …… P.100
❷着替えようとしない子どもには？ …… P.102
❸上着の脱ぎ方・着方は？ …… P.104
❹ズボンやパンツをはけるようになるには？ …… P.106
❺脱いだ服を畳めるようになるには？ …… P.108
❻靴下・靴を正しく履くには？ …… P.110
❼ボタンの留め外しができるようになるには？ …… P.112
❽ひもを結べるようになるには？ …… P.114
●楽しく着替えられる　歌・手遊び …… P.118

第Ⅳ章 着脱

子どもの発達の目安をつかんでおこう!

※発達には個人差があるので、目安としてご覧ください。

0歳

●寝返りやハイハイができるようになると、着替えさせるときに逃げようとする子どももいる。

1歳

●立ったまま着替えることができ、「ばんざいしてね」などと言葉をかけると、協力しようとする。

2歳

上着

●着替えを促されてもやり方がわからず、自分ではできない。

●自分で脱いだり着たりしようとする意欲はあるが、まだひとりではできない。手伝ってもらう。

ズボン

●最初から手伝ってもらいながらはく。

●スナップ・ボタンを外す。

3歳

上着

●服の前後や裏表を意識して着る。

ズボン

●座ってはく。しあげは手伝ってもらう。

●靴下や靴を履こうとするが、左右反対に履くこともある。

●スナップ・ボタンを留める。

3か月〜 着替えの際には、ことばがけをしながら行ないます。まだ言葉がわからなくても、成長とともに雰囲気を感じられるようになります。

1歳〜 言葉がわかるようになると、子どもも協力して動こうとしてくれます。「ばんざ〜い」「こっち」などと、わかりやすいことばがけで手順を知らせましょう。

2歳〜 自立心が芽生え始め、なんでも自分でやりたがります。少しでもできたらたくさん褒めて、やりたい気持ちを大切にしていくことが意欲につながっていきます。

まだまだできないことが多いので、「ここまでがんばったね、最後はいっしょにしようか」などと言葉をかけて、ひとりひとりの子どもに合わせた援助をしていきます。子どもの気持ちを大切に受け止めていきましょう。

3歳〜 園に通い始めると、家庭では保護者に甘えてやってもらえたことが通用せず、最

「ジブンデ」の自我が現れやすいのが、着脱の生活習慣です。子どもの気持ちを察して、褒めじょうずな保育者になりましょう。

4歳　**5歳**

やりたくない

●ひとりでできるが、甘えやその日のきげんにより、自分から動こうとしない。

※友達とのおしゃべりに夢中だったりふざけたりして着替えようとしない、お気に入りの服を脱ぎたくない、午睡がいやだからパジャマに着替えたくないなどの子どももいる。

いいやだもん!!
プーン
まぁ

畳まない・畳めない

●服を畳んだことがなく、畳もうという意識がまだない。脱ぎっぱなし。

上着

●ひとりでほぼ着替えられるようになる。

できた!

ズボン

●前後を理解して、最後までひとりではけるようになる。立ったままはける。

畳もうとする

●見よう見まねで畳もうとする。教えてもらっていっしょに畳む。

こう?
そう!

●ひもを結ぼうとする。

●服に付いているひもやファスナーを留める。

●自分で考えて衣服の調節ができる。

まて～!!
わ～!
おかあさん あついから いらないよ
そう

きちんと畳んでかたづけられる

●服の畳み方を覚えて、端と端を合わせて畳むことができる。

Ⅳ 着脱

初はとまどうこともありますが、保育者の働きかけや友達の姿に刺激を受けるなどして、少しずつ「やってみよう」という気持ちが持てるようになります。

4歳～ ある程度自分でできるようになります。手指が器用になると、シャツのすそを入れたり、ボタンを留めたり、裏返った服を元に戻すなどして、自分で身だしなみを正すことができるようになります。

服を畳む、靴の左右を意識して履くなど、観察力や思考力も増していきます。

5歳～ 身の回りのことは自分でできるようになります。自分で考えて服の調節をしたり、意志を伝えたりします。

脱いだ服は、端と端を合わせてきちんと畳めるようになりますが、個人差や性格の違いもあります。固結びやリボン結びもできるようになり、服に付いているひもやファスナーを、自分で留められるようになります。

第IV章 着脱 1

乳児の着替え、援助のしかたは？

～1歳ごろ

乳児は新陳代謝が活発で、思った以上によく汗をかきます。特に肌がデリケートなこの時期は、あせもの原因にもなりますので、こまめにチェックして着替えるようにしましょう。

寝転んだままでの脱がせ方

スナップやボタンを外し、脱臼を防ぐため、わきと肩の辺りを軽く押さえて、反対側の手でそでを引っ張るように脱がせる。

フード付きの服の脱がせ方

両手を脱がしてから、首の後ろ辺りを手で支えて、反対側の手でフードをめくって脱がせる。

寝転んだままでの着せ方

①着せる服を広げた上に肌着を重ねて、肌着のそでを服のそでに通しておく。

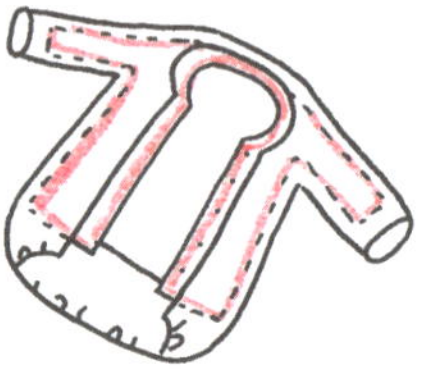

②あおむけに寝かせて、そで口から手を入れて子どもの手を握り、反対側の手で服の肩口を持って、そっと引っ張る。

③両手を通したら、スナップやボタンを留める。

※脱がせるときも着せるときも、腕や足を引っ張らずに、服を引っ張るようにしましょう。

※乳児の肌はデリケートなので、汗を吸収したり服と肌がこすれるのを防いだりするために、必ず肌着は必要です。

※子どもが心地良く過ごせるように、暖かい部屋では、はだしで過ごすとよいでしょう。

発達の目安を押さえよう！

子どもとのスキンシップを楽しみながら、ことばがけをして着替えていくことで、自分から着せてもらおうとするようになります。

寝返りできるころ

寝転んだまま着替えさせてもらう。いやがって寝返りをすることもある。

▶ハイハイできるころ

上下分かれた服で、着替えさせやすくなるが、動きが活発で、逃げることもある。

▶1歳ごろ

立ったまま着替えることができ、言葉をかけると協力しようとする。

乳児の着替えでの心がけや工夫など

遊び・環境
ことばがけ

ばんざいしてね

1歳ごろで立てるようになったら、脱がせるときに「ばんざいしてね」、着せるときに「おててはこっち」などと、子どもにも動きがわかりやすいことばがけをしながら、着替えさせましょう。

ポイント

子どものほうからも、「バンザーイ」「コッチ?」と、まだつたない言葉で返事を返してくれます。言葉のやりとりを楽しみながら、自分から動いてくれたことを褒めましょう。

健康観察でチェック

服を脱がせたとき、子どものおなかや背中などに、あせもや湿しん、かぶれているところ、気になる傷跡やあざなどはないか、チェックしましょう。

ポイント

不自然な症状を見つけたら、必ず園長や責任者に報告し、保護者にも確認します。保護者のようすなどから、もし虐待の可能性がある場合は、しかるべき対応を取る必要があります。

○○ちゃんの服はここですよ

着替えの服を入れておくかごなどに、子どもの写真をはってみましょう。保育者自身がわかりやすくなるうえに、きっと保護者にも喜んでもらえます。

ポイント

子どもにも「○○ちゃんの服はここだよ」と言葉をかけていくと、自分の服がある場所だと認識して、着替えのときに自分から服を取りに行こうとします。

Ⅳ 着脱

第IV章 着脱 2

着替えようとしない、できない子どもには？

2～4歳ごろ

２歳ごろになると、自分でやりたい気持ちが高まり、自立への一歩を踏み出しますが、中にはふだん保護者にやってもらっているため、自分ではできない子どももいます。

ひとりひとりに合わせて、自分でできるように配慮していきましょう。

最初は保育者が手伝いながら、ひとつひとつの動作をていねいに教えていく。

この穴から
手を出してね

「自分でやってみよう」という気持ちが持てるように、できたことを認めて褒める。

できた！
やったぁ～
タッチ
シャツ出てるけど…

子どもの姿を見極めよう！ 着脱のしかたを知らないのか、できないのか、着替えたくないのか、原因を探ることから進めていきましょう。

わからない

着替えを促されてもやり方がわからず、自分ではできない。

あれ

ひとりではできない

着替えようとする意欲はあるが、まだひとりではできない。

ぬげな～い

やりたくない

ひとりでできるが、甘えやその日のきげんにより、自分から動こうとしない。

いやだもん
プーン
まぁ

ひとりで着替えようとするための工夫

遊び・環境
ことばがけ

おうちではどうしていますか？

保護者から、ふだんどうしているのか聞いてみましょう。時間がかかるなどの理由で、わかっていても、ついなんでもやってあげてしまうのかもしれません。

ポイント

子どもの体に合わせた、着脱しやすい服などを用意してもらうことも伝えましょう(P.104・106・110参照)。

ひとりでできたら気持ちいい

保育者に手伝ってもらいながら着替えた場合でも、必ず「ひとりでできたね」「じょうずにできたね」などと言葉をかけて、子どもが気持ち良くなれるようにしましょう。

ポイント

小さな達成感の積み重ねが自信につながり、いろんなことを自分でやりたいという意欲が出てきます。

着替えてから○○しよう

友達とのおしゃべりに夢中だったりふざけたりして着替えようとしないときは、今やるべきこと、着替えた後の活動内容を知らせて、集団生活の自覚を持つように促しましょう。

ポイント

時には、き然とした態度を示すことも必要です。

こっちの服着てるところも見たいなー

お気に入りの服を脱ぎたくない、午睡がいやだからパジャマに着替えたくないなど、子どもの思いを理解したうえで、気持ちが前向きになるようなことばがけをしましょう。

ポイント

子どもの良き理解者となり、「いつでもちゃんと見ているよ」ということを伝えましょう(P.57一段目参照)。

第Ⅳ章
着脱
3

上着を脱いだり着たりするには？

2〜4歳ごろ

運動機能が発達して、手足の動かし方がわかってくると、自分の意思で体をコントロールして、服を脱いだり着たりしようとします。

着脱しやすい上着

※Tシャツやトレーナーなど、頭からスッポリかぶるタイプの服を着るようにし、新入園児の保護者にも伝えましょう。

ピッタリしすぎず、首周りやそでの太さにゆとりがある。

服の前に絵やマークなどがあると、前後がわかりやすい。

上着の脱ぎ方

①そで口を持って引っ張りながら、腕を中に入れて抜く。反対側も同様。

②すそを肩まで上げて、両手で首周りを持ち上げる。

上着の着方

①服のすそを持ち上げて、頭を入れる。

②片方ずつ手を入れて、両手ですそを引っ張る。

発達の目安を押さえよう！ 自我の芽生えとともに、2歳ごろから自分でやろうとする気持ちが強くなり、成長とともに、服の形や裏表などもわかってきます。

2歳ごろ
自分で脱いだり着たりしようとする。手伝ってもらう。

3歳ごろ
服の前後や裏表を意識して着る。

4歳〜
ひとりでほぼ着替えられるようになる。

上着を着られるようになるための工夫

遊び・環境
ことばがけ

上着を着る前に

これから着る服を見せながら、服の前後、頭や両手を通すところを教えましょう。その後子どもの方にすそを向け、服の後ろを上にして床に置きます。

ここに
手を入れて
家庭でも
オススメ
裏
着てみようか

ポイント

服の絵やマーク以外にも、タグがついているのが後ろ、縫い代が見えるのが裏など、ひとつずつ指さしながら、わかりやすく伝えましょう。

もう少しだからだいじょうぶ

脱ぐときにあごが引っ掛かったり、着るときに頭が抜けるまでの間、何も見えなくなって不安になったりします。保育者は、「もう少しだよ」とことばがけをして安心させながら、まだ難しいところは援助していきましょう。

家庭でも
オススメ

もう少しで
出るよ〜
みえないよ〜

ポイント

子どもができるところまで見守りながら、手伝ってあげましょう。

あれれ？ なんだかおかしいよ

保育者が、わざと服の前後を反対に着た姿を子どもたちに見せて、まちがい探しをしてみましょう。子どもたちは、服を後ろ前にして着ていると、おかしいということを意識するようになります。

先生の服
どこがおかしいか
わかる？
くるっ
まえ？
うしろ？
？

ポイント

ポロシャツなどの、えり付きで前後がわかりやすい服を使いましょう。

第Ⅳ章 着脱 4

ズボンやパンツをはくには？

2～5歳ごろ

ズボンやパンツをはくときは、立ったり座ったり、いろいろな姿勢で行ないます。

ひとりではけるようになると、トイレの自立にもつながっていきます。個人差はありますが、見守っていきましょう。

着脱しやすいズボン

子どものサイズにあった、ウエストにゴムが入った物。

長すぎず、すそを折らない物で、前後がわかりやすいズボン。

※女の子の場合、引っ掛かったりすると危ないので、スカートは避けてもらうように伝えましょう。腰の部分にスカートが付いたズボンも同様です。

座ってはく

①イスや保育者のひざに座り、前後を確かめてウエスト部分を持ち、片方ずつ足を入れる。

②立ち上がってズボンを引っ張り上げ、シャツのすそを中に入れる。最初は保育者がしあげを手伝うようにする。

立ってはく

①保育者がウエスト部分を広げて持ち、保育者の肩に手を置いて、片方ずつ足を入れる。

②背中を支えられたり、壁にもたれたりしてはく。体のバランスが取れるようになると、立ったままはけるようになる。

発達の目安を押さえよう！

ズボンやパンツを、立ったままひとりではくには、両手を使って、片足を上げ、全身のバランス感覚が必要になります。

いっしょにはく

最初から手伝ってもらいながらはく。

▶ **座ってはける**

座ってはく。しあげは手伝ってもらう。

▶ **立ったままはける**

前後を理解して、最後までひとりではけるようになる。

ズボン・パンツがはけるようになるための工夫

遊び・環境
ことばがけ

ズボン・パンツをはく前に

家庭でもオススメ
ここを持って広げて

ズボンやパンツを見せながら、前後、裏表、足を通すところを教えましょう。

人数が多い場合は、みんなに見えるように説明し、その後ひとりひとりのようすを見て回ってもよいでしょう。

ポイント

人数が多かったり、イスに座ってはくのが難しかったりしたら、床にござなどを敷いて、直に座ってはくようにしましょう。

シャツやパンツは出ていないかな?

家庭でもオススメ
シャツが出てるよ

最初のうちは、シャツをズボンの中に入れたり、ズボンのおしりの部分をしっかりと上げたりするのが難しいようです。本人が気づいていない場合もあるので、保育者がひとりひとりをチェックして、最後まではけるように意識づけしていきましょう。

ポイント

きちんとはけている子どもは、しっかりと褒めましょう。

おっとっとっと、バランスゲーム

手は上～
おっとっと

片足立ちで、だれがいちばん長い時間立っていられるか、競争してみましょう。右足・左足・目を閉じてなど、バランス感覚を養って、運動感覚を高めていきます。

音楽が鳴っている間とか、好きなポーズをとってみるなど、工夫もしてみましょう。

ポイント

ひとりひとりの間隔を十分にあけて、バランスを崩したときにぶつからないようにしましょう。立ってズボンをはくときも同様です。

脱いだ服を畳める ようになるには?

3~5歳
ごろ

服の畳み方がわからなければ、「自分で」という意欲も起きません。子どもの意識を高めたり、お手伝いしたい気持ちをくすぐったりして、根気良く畳み方を知らせていきましょう。

上着の畳み方

①服を床に置き、前を上に向けて広げる。

②そでを服の前で交差させる。

③すそを持ち、肩のところまで上げて半分に折る。

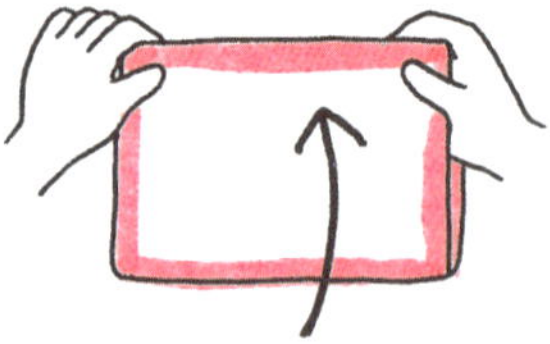

④肩と肩を合わせるようにして、半分に折る。

ズボンの畳み方

①前を上に向けて床に広げ、両足を合わせて半分に折る。

②さらにウエストとすそを合わせて半分に折る。

意識の変化をとらえよう! 手先が器用になり、服の畳み方を覚えると、身の回りの物を整理できるようになっていきます。

畳まない・畳めない
服を畳んだことがなく、畳もうという意識がまだない。脱ぎっぱなし。

▶**畳もうとする**
見よう見まねで畳もうとする。教えてもらっていっしょに畳む。

▶**なんとか畳める**
ていねいではないが、その子どもなりに、なんとかひとりで畳めるようになる。

自分で服を畳めるようになるための工夫

遊び・環境
ことばがけ

裏返しもやってみよう

脱いで裏返しになった服を床に置き、手をすそから入れてそでを引っ張り、もう片方も同じようにします。ズボンはウエスト部分から手を入れてすそを持ち、引っ張って裏返します。

中から そでを
つかんで引っ張ってね
こう?

ポイント

服の裏表がわかるようになるとともに、裏返しにならないように脱ごうとすることで、脱ぎ方もじょうずになっていきます。

きれいに畳もう

子どもたちが見やすい場所に、服の畳み方をイラスト入りで表示しておくと、わかりやすいです。

子どもなりになんとか畳めるようになってきたら、きれいに畳むことも意識するように促していきましょう。

ふくの たたみかた
1
2
3
4
1
2
3
え～っと
このつぎは…

ポイント

きれいに畳んだほうが気持ちいいことや、かたづけやすくなることを知らせていきましょう(P.135一段目参照)。

おうちでも畳んでお手伝い

園ではできるのに、家庭ではやろうとしないということがよくあります。

年長児なら、夏休みなどの長期休暇の前に、おうちで何かお手伝いをするという約束をして、タオルなど簡単な洗濯物を畳んでかたづけるように働きかけてみてもよいでしょう。

家庭でも
オススメ
タオル
たためるよ!
ありがとう

ポイント

「自分で」という自我が、いろんな「できた」を褒めてもらうことで自信になり、「認められたい」という欲求に発展します(P.139三段目参照)。

Ⅳ
着脱

第Ⅳ章 着脱 6

靴下・靴を正しく履くには?

2~3歳ごろ

靴下のかかと部分や靴の左右を認識できるようになるのには、個人差があります。まちがって履いている子どもにはそのつど言葉をかけて、正しく履けるようになるまで、気長に見守っていきましょう。

着脱しやすい靴下

ゴムがきつすぎず、長すぎない丈の物。

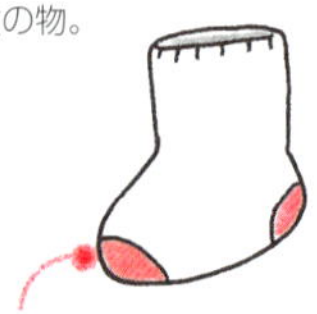

つま先やかかとに色がついているとわかりやすい。

子どもの足に合った、着脱しやすい靴

つま先は5㎜~1㎝の余裕を持たせ、横幅・甲の高さも確認。

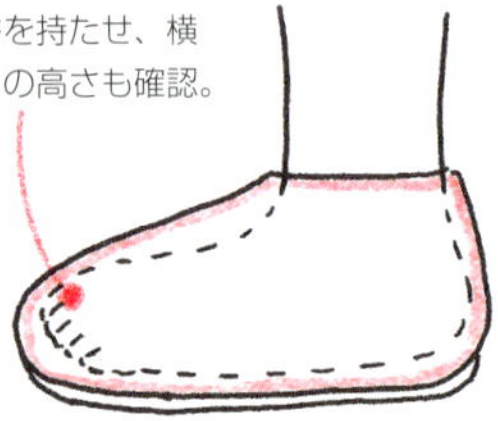

※おたよりなどで、保護者に伝えましょう。

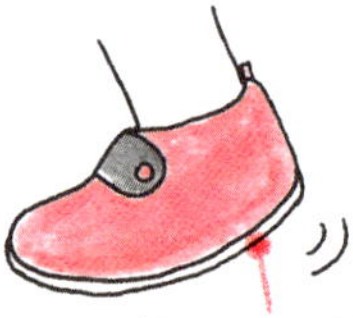

底が柔らかく、足に合わせて曲がる。

靴下の履き方

①床に靴下を並べ、かかとやつま先を示しながら確認する。

②靴下の口の部分を両手で持ち、つま先部分をたぐり寄せる。

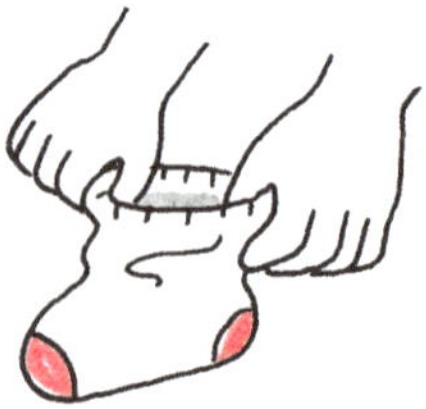

③つま先を入れたら、両手で引っ張り上げる。

靴の履き方

①左右まちがえないように靴を置く。

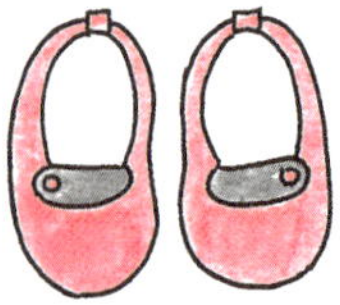

②靴につま先を入れ、足首部分に当たるところを引っ張る。

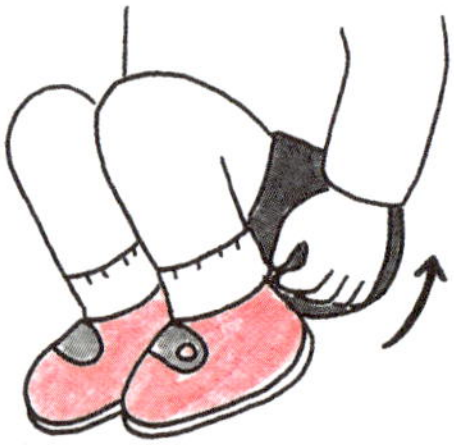

※最初はおしりをつけて座って履き、体をうまく使えるようになってきたら、しゃがんだり前かがみになったりして履くように促していきましょう。

靴を正しく履けるようになるための工夫

遊び・環境
ことばがけ

わかりやすく、履きやすく

上靴を左右合わせるとひとつの絵になるように、動物や乗り物などを描いておくと、子どもたちにもわかりやすいです。

また、靴の後ろ部分にひもを付けておくと、靴を履くときに引っ張りやすいです。

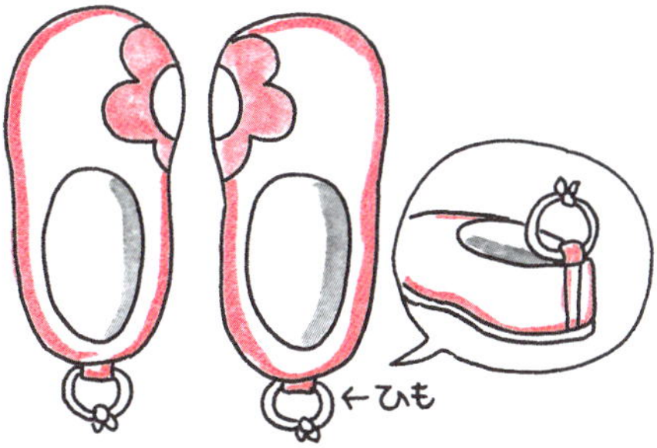

ポイント

子どもにとって、靴の左右を見分けるのは難しいようで、まちがったまま履き続けている姿もよく見かけます。保育者が気づいたときは、その場で履き直すように促しましょう。

反対に履くと、変な感じがするね

家庭でも
オススメ

子どもに、わざと靴を左右反対に履かせてみましょう。足に違和感を感じるはずです。「足が窮屈な感じがするでしょ？　このままだと、だんだん足が痛くなってくるよ」と伝えてから、正しく履き直すように促します。

ポイント

左右をまちがえて履いたときの感覚を覚えると、自分で気がついて、正しく履き直そうとするでしょう。

そろえて脱いで、そろえて入れよう

家庭でも
オススメ

脱いだ靴は、そろえて靴箱に入れるように伝えましょう。そのまま出して、正しく履くことができます。

そのためには、靴を脱いだときからそろえるという意識が必要です（P.69一段目参照）。

ポイント

靴底に土が付いていたら、靴の裏同士をぶつけて落とすといったことも知らせていきましょう。

Ⅳ
着脱

第IV章 着脱 7

ひとりでボタンの留め外しをするには？

3歳ごろ〜

指先が器用になってくると、ひとりでできることも増えていきます。最初は難しいボタンの留め外しも、ていねいに教えながら伝えていきましょう。

いっしょにボタンを留める

①保育者がボタンを半分穴に入れる。

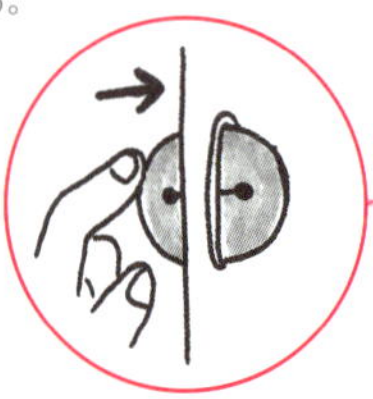

ボタンが穴に
通ります
はいこんにちは

②残り半分を子どもが引っ張る。

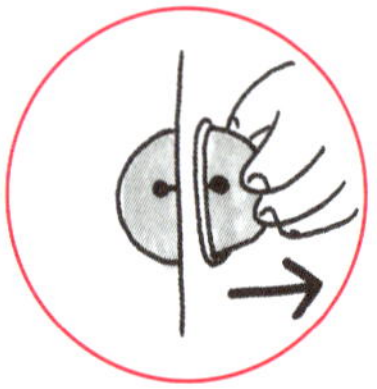

ひとりでボタンを留める

①ボタンを親指とひとさし指で持ち、反対側の手の親指とひとさし指で穴を広げる。

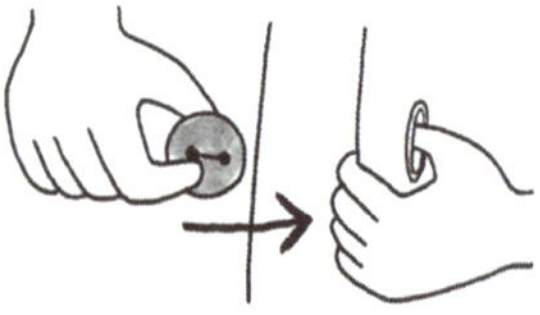

②ボタンを穴に入れ、反対側の指でつまんで引っ張り出す。

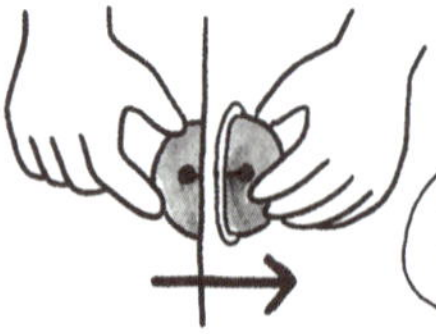

ゆっくりで
いいよ

発達の目安を押さえよう！ 自分の意思で手先を動かせるようになってきたら、難しいことにも挑戦しようという意欲が出てきます。

やってもらう

ボタンの留め外しをやってもらい、そのようすを見る。

こうやって

▶手伝ってもらうとできる

ボタンを半分通すところまで手伝ってもらう。

そう そう

▶ひとりでできる

ひとりで留められ、外すのもすぐにできるようになる。

できた！

ボタンの留め外しができるようになるための工夫

遊び・環境
ことばがけ

みんな仲よし、つないでみよう

フェルトで人形や動物、四角などの形を作り、ボタンとボタン穴をつけます。楽しく遊びながら、ボタンを留める練習ができます。

ポイント

ボタンが通しやすいように、穴を少し大きくしておきましょう。

留めっこしよう

給食当番のときなどに、エプロンについている後ろのボタンを、友達同士で留め合うようにします(P.115二段目参照)。

ボタン
おねがい
うん

ポイント

「おねがい」「ありがとう」などと、友達同士でやりとりしながら、あいさつの生活習慣も身についていきます(P.158・159参照)。

ずれていないかな?

ボタンの掛け違いや、所々ボタンが留まっていないこともあります。そのつど確認して、言葉をかけていきましょう。

鏡に映った姿を子どもに見せて、実際に目で見て確認させてもよいでしょう。

家庭でもオススメ

ボタン
ちゃんと
留まってるかな?
あっ!

ポイント

トイレや手洗い場など、上半身が映る鏡で確認します。ふだんから鏡を見て、自分でチェックするようになるといいですね(P.133四段目・P.141三段目参照)。

ひもを結べるようになるには？

5歳ごろ

園での着脱で、ひもを結ぶ機会はあまりないのですが、５歳児になったら、固結び・リボン結びなどを保育の中に取り入れてみましょう。

縦結びにならないように、正しい結び方を伝えていきます。

固結びのしかた

①ひもを持ち、右上左下でクロスさせる。

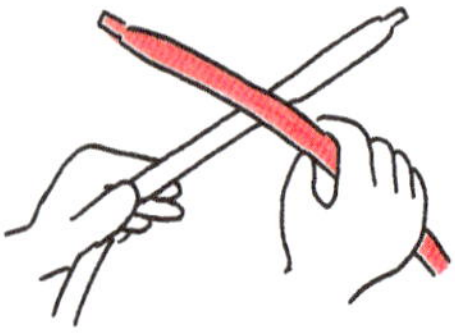

②右上のひもを下に回して、一度左右に引っ張る。

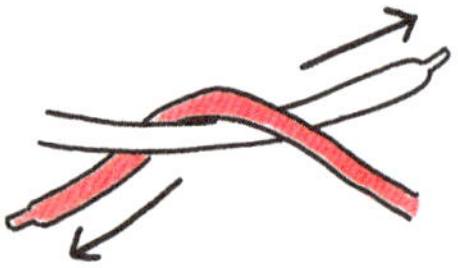

③左上右下にしてクロスさせ、左上のひもを回して輪の中を通す。

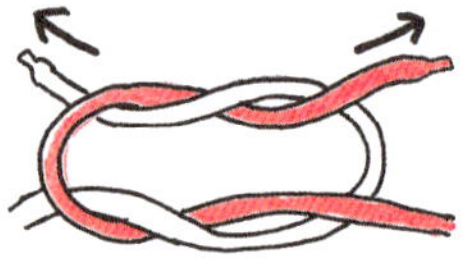

リボン結びのしかた

①固結びの②から、ひもを持ったまま左手ひとさし指を軸にして、右手で輪を作る。

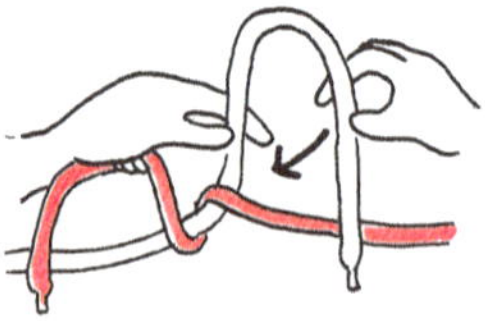

②左手のひもで右手の輪の根本を手前から後ろに向けて一周させる。

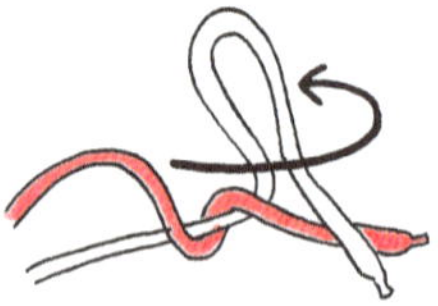

③根本にできた小さな輪の中に、一周したひもを輪にして引っ張り、リボンの形にする。

発達の目安を押さえよう！

５歳児になったら、細かい作業もこなしていきます。個人差はありますが、のみ込みも早くなります。

いっしょに結ぶ

保育者が子どもの後ろに座り、手を添えていっしょに結ぶ。

▶ひとりで結べる

ハンカチやナプキンなどに物を入れて、固結びをする。

▶リボン結びができる

ひとりで固結びができると、リボン結びにも挑戦する。

ひもを結べるようになる工夫など

遊び・環境
ことばがけ

扱いやすく、わかりやすく

練習に使うひもは、太めの物にしたほうが扱いやすいです。

また、左右の色を変えておくと、ひもの動きがわかりやすくなります。

赤いひもを
上にして…

ポイント

子どもに「右のひもが……」などと左右で説明しても、理解するのは難しいので、色を変えて「赤いひも・青いひも」と言ってあげると、見た目にもわかりやすく、スムーズに覚えられます。

遊びや生活の中で、じょうずになろう

ままごとに使うスカートやエプロンにひもをつけておき、遊びながら結ぶことを覚えられるようにしましょう。

後ろで結ぶエプロンのひもは、お互いに結びっこします（P.113二段目参照）。

ポイント

お弁当箱を包むハンカチ（固結び）や巾着袋のひも（リボン結び）を結んでいるだけでも上達します。

結んできれいに飾ろう

カラフルなひもやリボンで、作品を飾りましょう。子どもが描いた絵を色画用紙の台紙にはり、台紙の周りにパンチで穴をあけていきます。子どもがひもやリボンを穴に通して、上の部分の真ん中でリボン結びして完成です。作品がグッと引き立ちます。

セロハンテープを巻く

ポイント

ひもやリボンの先にはセロハンテープを巻いて、通しやすくしておきましょう。

Ⅳ
着脱

知っておきたい！冬でも薄着の習慣づけ

薄着で過ごしたほうがよいわけは？

　寒い季節になってくると、どうしても保護者が厚着をさせて、モコモコした姿の子どもたちが増えてきますが、子どもは元気に走り回ることが大好きで、冬でもよく汗をかきます。厚手の服を１枚着ているだけだと、汗をかいても脱ぎ着ができず、体が冷えてかぜをひきやすくなります。

　園では、下着や薄い長そでの服を重ね着するようにしましょう。そのほうが、衣服の調節がしやすくなります。

肌着代わりにＴシャツを着ていると、ゴワゴワします。綿100％の下着なら、機能的で動きやすく、保温性・吸湿性にも優れています。下着を着ることで、服と服の間に体温で暖まった空気の層ができ、保温性がアップします。

首の周りは皮膚が薄く、寒さを感じやすい部分です。首周りの閉まった服を着ると、体温で暖まった空気を逃がさず、外からの冷たい空気も入りにくいです。

ベストを利用すると、腕が動かしやすく、胴体は温めてくれます。

保育室は、室温が10℃を下回ると暖房が入ります。重ね着をしていれば、暑いときは１枚脱ぐなどして、調節がしやすくなります。

薄着を習慣づけるために

遊び・環境
ことばがけ

重ね着をしてみよう

家庭でもオススメ

子どもが自分で重ね着をするときは、下の服のそでがめくれ上がってしまわないように、着ている服のそでをつかんで持ち、上から着る服のそでを通します。

こうやって下のそでをつかんでおいてね
できた～

ポイント

下の服のそでがめくれ上がってしまったら、反対側の手をそで口から入れて、下の服のそでを引っ張ります。

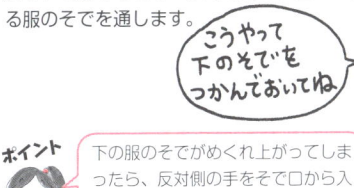

園だより・保健だよりでお知らせ

厚着より薄着の重ね着をしたほうが、かえって体が暖かく、衣服の調節もしやすいことを、保護者に知らせましょう。具体的にイラストを入れるとわかりやすいです。

※右の囲み文例は、そのままコピーして使うこともできます。

薄着でがんばろう!

朝晩ずいぶん寒くなりました。子どもたちの服装も少し厚着になっていませんか？　活発に動く子どもたちは、厚着をしていると汗をたくさんかき、汗が冷えるとかぜをひく原因にもなります。日中はなるべく薄着でがんばりましょう。

ポイント

フード付きの服は引っ掛かって危険だということ、マフラーをしてくる場合は、必要以上に長すぎない物を使うことなども伝えましょう。

マラソン・鬼ごっこでポッカポカ

戸外で元気に走ったり、集団遊びをしたりして、積極的に体を動かして温めましょう。厚着をしている子どもがいても、暑くなって服を脱ぎたいと思うようになります。

まて～～!!
わ～!
おかあさんあついからいらないよ
そう

ポイント

子ども自身が保護者に「あつい」と伝えることで、保護者の意識も変わっていきます(P.145二段目参照)。

Ⅳ 着脱

歌・手遊び

曲に合わせて子どもの名前を呼びながら、楽しく着替えをしましょう。

♬着替えのうた♬（『あたまかたひざポン』の替え歌）

作詞者不詳（替え歌詞：永井裕美）
イギリス民謡

1.○ ○ ーちゃん の お て て い れ て い れ て
2.○ ○ ーちゃん の ボ タ ン と め て と め て
3.○ ○ ーちゃん の かた あ し い れ て い れ て
4.○ ○ ーちゃん の ズ ボ ン あ げ て あ げ て
も う ひ と つ お て て い れ て ね
○ ○ ーちゃん の ボ タ ン で き あが り
も う ひ と つ あ し を い れ て ね
○ ○ ーちゃん の ズ ボ ン で き あが り

①○○ちゃん（くん）の おてていれていれて

♪おてて
いれて いれて

①○○のところを子どもの名前にしてうたいながら、片方の手をそでに通す。

②もうひとつおてて いれてね

♪もう ひとつ
おてて

②もう片方の手もそでに通す。

③○○ちゃん（くん）の ボタンとめてとめて

♪ボタン
とめて とめて

③ボタンを上から順番に留めていく。

④○○ちゃんのボタン できあがり

できた!!

④ボタンを留め終わったら、ばんざいをする。

⑤○○ちゃん(くん)の かたあしいれていれて

♪かたあし
いれて いれて

⑤片足をズボンに通す。

⑥もうひとつあしを いれてね

♪もう ひとつ
あしを いれてね

⑥もう片方の足もズボンに通す。

⑦○○ちゃん(くん)の ズボンあげてあげて

♪ズボン
あげて あげて

⑦両手でズボンを引き上げる。

⑧○○ちゃんのズボン できあがり

できた！やったー!!

⑧ズボンがはけたら、ばんざいをする。

※保育者がひとつひとつ確認しながら、動作が終わるまで、ゆっくりと同じフレーズをうたいましょう。

※何人かの子どもに対して行なう場合は、○○ちゃん（くん）のところで全員の名前を呼びましょう。

ゆっくりで
いいよ
♪○○ちゃん
○○くん
○○ちゃん!!

ほのぼの劇場 着脱編

おしい!

あ! ひとりでがんばってる!
すごい!
じょうず すぎて先生のお手伝いはいらないみたい
靴下もはけちゃうの〜?
えらすぎる〜
ひとりでがんばったね〜
ぎゅ

第V章

清　潔

❶乳児が気持ち良く過ごすには？ ………………… P.124
❷手を洗う習慣を身につけるには？ ……………… P.126
❸じょうずなうがいのしかたは？ ………………… P.128
❹鼻をかめるようになるには？ …………………… P.130
❺歯をみがけるようになるには？ ………………… P.132
❻かたづけられるようになるには？ ……………… P.134
❼汗をふけるようになるには？ …………………… P.136
❽プールの後、体をふけるようになるには？ …… P.138
❾顔を洗えるようになるには？ …………………… P.140
❿汚れたら着替える意識を持つには？ …………… P.142
⓫つめの長さに気づくには？ ……………………… P.144
●楽しく手洗いができる　歌・手遊び ………… P.146

子どもの発達の目安をつかんでおこう!

※発達には個人差があるので、
目安としてご覧ください。

0歳 - - - 1歳 - - - 2歳 - - - 3歳

●言葉をかけられながら、手・顔・体をふいてもらい、きれいになったことを喜ぶ。

●言葉の意味がわかり始め、指先が器用になってくる。なんにでも興味を持ち、自分でやろうとし始める。

かたづけ
●言葉をかけられて、いっしょにかたづけようとする。

かたづけ
●かたづける場所に、グチャグチャに突っ込んで入れる。

顔を洗う
●洗おうとするが、両手で水をすくうのが難しい。

手洗い
●つかまり立ちや立つことができるようになってきたら、手洗い場で保育者が横に立ち、片手ずつ洗ってもらう。

手洗い
●保育者が見守ったり声をかけたりすることで、手を洗うことを意識して、洗い方も覚えていく。

うがい(口に水をためる)
●離乳食が進むと、口に水をためられるようになる。

ブクブクうがい
●口に水を含み、左右のほおに移動させることができる。

歯みがき(生え始めごろ)
●ガーゼで軽くふいたり、歯ブラシで軽くみがいたりしてもらう。

歯みがき
●歯ブラシを持って口に入れ、自分で動かす。きちんとみがけていないので、しあげみがきをしてもらう。

歯みがき
●口を横に広げて、表面はみがける。奥歯や裏側などは、しあげみがきが必要。

鼻かみ
●鼻水が出ていたらふき取ってもらう。

鼻かみ
●鼻の穴を片方ずつ押さえてもらい、「ふーん」とする。

汗をふく・体をふく
●もく浴をしてもらったり、タオルでふいてもらったりする。

汗をふく・体をふく
●なんとなく自分でふくが、まだうまくふけない。最後は保育者に確認してもらう。

3か月～

食事の前後に手をふいたり、口の周りが汚れたらぬれタオルやガーゼでふくようにして、清潔を心がけます。この時期は清潔の意味がまだ理解できませんが、「きれいにしようね」「汚れて気持ち悪かったね」などとことばがけをして、気持ちを表しながら行ないます。

1歳～

水道で手を洗ったり、いっしょにかたづけをしたり、少しずつできることが増えていきます。簡単な言葉も話すようになり、場面に合った言葉をかけて、知らせていきます。

3歳～

"気持ちが悪いからきれいにする"という思いが少しずつ出始め、行動に移そうとします。

うがいや手洗いをしますが、服がぬれたり手洗いが不十分など、できないことが多いです。必ず「今度から腕まくりして洗おうね」「指の間も洗おうね」などと言葉をかけ、最後まで見守ります。

「きれいにする」という意識は、食事・排せつ・着脱など、ほとんどの生活習慣にもかかわってきます。気がついたらそのつどことばがけをしていきましょう。

4歳 → 5歳

かたづけ
- 重ねたり並べたりして、整理整とんしてかたづけられる。

顔を洗う
- じょうずに水をすくって顔を洗い、タオルでふく。

手洗い
- 自分から洗おうとするが、保育者が見ていないと、めんどうくさがって腕まくりをしなかったり、指先だけを洗ったりもする。

ガラガラうがい
- ガラガラうがいができ、ブクブクうがいと使い分ける。

歯みがき
- 最後までひとりでみがける。

鼻かみ
- ひとりで鼻がかめるようになる。

汗をふく・体をふく
- 汗をかいた場所や足の裏など、体の隅々までひとりでふくことができるようになる。

4歳～

自分から清潔にしようと行動します。生活習慣が身につき始めますが、保育者が最後まで見守っていなければ、手を抜いてしまうこともたくさんあります。

行動範囲も広がり、戸外遊びで思い切り体を動かし、汗をかいたり泥んこになったりした後は、自分で着替えをしようとします。

汚れたところをぞうきんでふくことはできますが、洗って絞るのはまだ難しいです。

5歳～

ほぼ自分ひとりで行動できます。整理整とんができ、並べたり重ねたりしながら、先のことを予想して行なうことができます。保育者に言われなくても、手洗い・うがい・歯みがきは自分から進んで行ないます。“きれいにすると気持ちがいい” ことがわかり、周りの友達の目も気にするようになります。

第V章 清潔 1

乳児が気持ち良く清潔に過ごすには？

0・1歳

清潔の習慣は、小さいうちから保育者が生活の中で言葉をかけたり、手本となって見せたりすることで、しぜんと身についていきます。汚れたら顔をふく、汗をかいたらきれいにするなどして、気持ち良くなったことが感じられるようにしていきましょう。

顔をふく

①おしぼりをぬるま湯でぬらして。固く絞る。

②ミルクや離乳食の後、口の周りをきれいにふく（歯が生えている場合は、P.132も参照）。

手をふく

①ひざの上にだっこして、ぬらして絞ったおしぼりを広げる。

②子どもの片手を包むようにして、指の間や手のひら、反対側の手も、ていねいにふく。

汗をふく

ハンドタオルで、軽く汗を押さえてふく。乳児は特にあせもができやすいので、こまめにふく。

※ふく前に「今からきれいにしようね」と言葉をかけて子どもを安心させ、ふいた後は「気持ち良くなったね、さっぱりしたね」などと、きれいになったことを喜べるようにしていきます。同時に健康観察をして、つめの長さなどもチェックしましょう（P.144参照）。

発達の目安を押さえよう！

ことばがけもしていくことで、清潔にしてもらうと気持ちがいいということを、なんとなく感じられるようになっていきます。

0歳

ほとんどすべてのことをやってもらう。言葉をかけられながら、手・顔・体をふいてもらい、きれいになったことを喜ぶ。

すっきりしたね〜
スリ
スリ

▶ **1歳**

言葉の意味が少しずつわかり始め、指先が器用になってくる。なんにでも興味を持ち、自分でやろうとし始める。

ジ〜ッ
自分でふいてみる？

清潔はなんとなく気持ちいいと意識させる工夫

遊び・環境
ことばがけ

汚れたら、着替えようね

食後や遊んだ後、服が汚れていたら着替えるようにします(P.100参照)。

「汚れちゃったね」「汗かいて、気持ちが悪いね」などと、なぜ着替えるのか、どんなときに着替えるのかをことばがけすることで、気持ちがいいという感覚と、清潔に対してなんとなく意識できるようになっていくでしょう。

ポイント

あまり頻繁に着替えすぎると、神経質になってしまうので、注意しましょう。

興味を持ち始めたら……

手先を動かせるようになってきたら、いっしょに手をふくことなどをしていきましょう。

そのときにおしぼりを振り回して、遊んでいるように見えても、子どもにとっては、一生懸命学ぼうとしている姿です。

ポイント

多少手間がかかるようになりますが、保育者は子どもの気持ちを理解して、いっしょに楽しむつもりで見守っていきましょう。

「ハイドーゾ」ができたら……

食事中や遊んでいるときのやりとりで、子どもから「ハイドーゾ」としてくるようになってきたら、「○○取って」「○○へ持って行って」などと、お手伝いをお願いしてみます。

「ゴミ箱にポイしてきて」「おかたづけ手伝って」と、少しずつ内容を広げていきましょう。

ポイント

遊んでいるつもりでお手伝いをしながら、かたづけるのが楽しいと思えるようになるといいですね。

V 清潔

第V章 清潔 2

手を洗う習慣を身につけるには？

2歳ごろ～

手洗いは、遊んだ後・食事前・戸外から帰ってきたときなど、いろいろな場面で必ず行ないます。病気予防にもつながる大切な手洗いがしっかり習慣づくように、援助していきましょう。

いっしょに洗いながら言葉をかけて、腕まくりや手をふくことも知らせる。

そでを
まくってね
こう？

意識の変化をとらえよう！ いろいろな場面で手を洗うことを覚えていきますが、だんだんと手を抜くことも覚えてしまうので、保育者が必ず確認しましょう。

0・1歳児

小さいうちはおしぼりなどで手をふいてもらう（P.124参照）。つかまり立ちや立つことができるようになってきたら、手洗い場で保育者が横に立ち、片手ずつ洗ってもらう。

ゴシ
ゴシ
きれい
きれい

2・3歳児

保育者が見守ったり言葉をかけたりすることで、手を洗うことを意識して、洗い方も覚えていく。

4・5歳児

自分から洗おうとするが、保育者が見ていないと、めんどうくさがって腕まくりをしなかったり、指先だけを洗ったりもする。

ちょん
おしまい

ていねいな手洗いを意識するための工夫

遊び・環境
ことばがけ

手順をイラストでわかりやすく

洗い方のイラスト（P.146）を描いてはっておくと、友達といっしょに見ながら楽しく洗うことができます。

洗い終わったら、水道のせんや液体せっけんのボトルに泡がついていないか、チェックするということもイラストで示しておきましょう。

ポイント

次の人が気持ち良く使えるようにしておくことも大切です。

どうして手を洗うのかな？

手洗いをテーマにした、絵本や紙芝居の読み聞かせをしましょう。手洗いに限らず、子どもが生活習慣を身につけていくには、わかりやすい方法で、子ども自身が意識できるように援助していくことが大切です。

ポイント

なぜ、うがいや歯みがきをするのかといったことも、子どもたちに伝えていきましょう（P.129三段目・P.131一段目・P.133二段目・P.137一・三段目・P.145一段目参照）。

魔法の虫眼鏡でチェック!

子どもが保育室に戻ってきたときなどに、段ボールで作った大きな虫眼鏡で、子どもの手をのぞいてみましょう。手を洗っていない子どもには、「ばい菌がいっぱい見える」、きれいに洗った子どもには、「きれいに洗ってくれて、手が喜んでいるよ」などとことばがけしていきましょう。

ポイント

洗い方も見ておき、手を抜いている子どもには「ちゃんと洗ってないね」と、やり直すように促しましょう。

第V章 清潔 3

うがいがじょうずにできるようになるには？

3歳ごろ

口の中をゆすぐブクブクうがいと、のどをきれいにするガラガラうがい。どちらもしっかりと身につけて、使い分けられるようにしましょう。

口から水をペッと出す

口に水をひと口入れて、下を向いてペッと出す練習をする。

ブクブクうがいのしかた

左右のほおを交互に膨らませて、ブクブクする。

ガラガラうがいのしかた

口を開けて上を向き、のどで水をガラガラする。

※最初は保育者が、実際にやって見せましょう。

発達の目安を押さえよう！

自分の意思で口を動かせるようになると、うがいがじょうずにできるようになっていきます。

口に水をためる（1歳ごろ～）

離乳食が進むと、口に水をためられるようになる。

▶ブクブクうがい（3歳ごろ～）

口に水を含み、左右のほおに移動させることができる。

▶ガラガラうがい（3歳ごろ～）

ガラガラうがいができ、ブクブクうがいと使い分ける。

うがいをじょうずにするための工夫

遊び・環境　ことばかけ

イメージをつかもう

家庭でもオススメ

みんなでからのコップを持ち、前を見てほおを膨らませて「ブクブク」、上を向いて「ガラガラ」と、イメージトレーニングをしてみましょう。

鏡をよく見てね
ブク
ブク
ブク
ブク

ポイント

お互いに見てまねをしながら、うがいの雰囲気がつかめます。

目線の先に、かわいい目印

家庭でもオススメ

うがいをする場所が室内なら、目印として天井に動物のイラストなどをはっておき、それを見ながらガラガラうがいをしましょう。どのくらい顔を上げたらよいのか、目安になります。

ネコちゃんを見るんだよ
がラ
がラ
がラ

ポイント

のどの奥まで水が入り、しっかりとうがいができます。

正しいうがいで、かぜを予防しよう

家庭でもオススメ

ブクブクうがいを1・2回した後、約10秒間のガラガラうがいを2・3回します。

保育者が「ば・い・き・ん・さ・ん・は・さ・よ・う・な・ら」とゆっくり言うと、それに合わせて10秒くらいがんばれます。

ば・い・き・ん・さ・ん・は
さ・よ・う・な・ら～～～
がラ
がラ
がラ
がラ

ポイント

正しくうがいをすることで、かぜやインフルエンザの予防ができるということを知らせましょう(P.127二段目参照)。

第V章 清潔 4

自分で鼻をかめるようになるには?

3~5歳ごろ

子どもが自分で鼻をかめるようになるまでには、時間がかかります。まずは鼻が出たらティッシュペーパーでふくように、習慣づけていきましょう。

鼻水をふく

鼻水が出ていることを知らせて、ティッシュペーパーでふくように促す。

鼻水が出てるよ
きれいにふこうね

鼻をかむ

ティッシュペーパーで鼻を覆い、指で鼻の穴を片方ずつ押さえてかむ。

ふーん!
こっちを押さえて
ふーんって
してね
もう少し
優しく

発達の目安を押さえよう! 小さいうちから、鼻水が出たらすぐにふいて、清潔にするという習慣を身につけていきましょう。

0~2歳ごろ

鼻水をふき取ってもらう。

▶ **2歳~**

鼻の穴を片方ずつ押さえてもらい、「ふーん」とする。

ふ~ん!

▶ **4歳~**

ひとりで鼻がかめるようになる。

チーンッ

自分できちんと鼻をかむようになるための工夫

遊び・環境
ことばがけ

ちゃんと鼻をかまないと

鼻水は、鼻から入ってきた細菌やほこりを追い出そうとして出るものです。鼻水をかまずに吸っていると、炎症物質がたまり、鼻炎や中耳炎の原因にもなります。

絵本やイラストを使って子どもたちに伝えて、正しく鼻をかむことを促していきましょう。

鼻と耳は中でつながっていて、両方の鼻をいっしょにかんだり、かみ方が強すぎたりすると、圧力が掛かって耳に影響することもあります。

乾燥しすぎるのを防ごう

室内が乾燥していると、鼻が詰まってだんだん息苦しくなり、鼻水が出ていても、自分で気がつきません。

加湿器を使ったり、ぬれタオルを掛けておいたりして、保育室が乾燥しすぎないようにしましょう。

湿気があると、鼻の粘膜が正常に保たれて、細菌やほこりの進入を防いでくれます。

いつでもすぐにふけるように

自分のポケットティッシュがなくなったり、持ってくるのを忘れたりした子どもは、服のそででふこうとします。保育室や園庭（靴箱の上など）にティッシュペーパーを用意して、いつでも使えるようにしておきましょう。

鼻水をそででふかないことや、使ったティッシュペーパーはきちんとゴミ箱に捨てることも伝えます。

第V章 清潔 5

きちんと歯をみがけるようになるには?

2歳ごろ〜

まれに、大人でも虫歯菌のいない人がいますが、ほとんどの人が、子どものうちに口の中に虫歯菌が入ってしまいます。

歯は一生使うものですから、毎日きちんと歯をみがく習慣を身につけておくことは、とても大切です。

生え始めた歯のふき方

離乳食後などに、白湯《さゆ》を飲ませて、ガーゼで軽くふく。

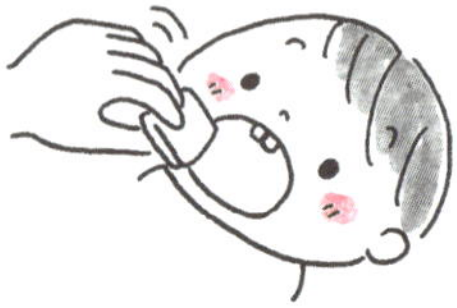

歯のみがき方

①最初は何もつけない歯ブラシで、口を横に「いー」と広げて、歯ブラシを横に細かく動かす。

い〜っ

②口を開けて、奥歯や歯の裏側をみがく。上の奥歯や裏側は、ブラシを上に向けてみがく。

生え始めた歯のみがき方

子どもの後頭部を手で支えながら、口の大きさに合った歯ブラシで、歯の裏表を軽くみがく。

ア〜ン

しあげみがきのしかた

①保育者のひざに、子どもの頭をあおむけで乗せ、歯ブラシを鉛筆持ちで握る。

②歯と歯茎の間や歯の裏側、奥歯など、子どもがみがきにくいところをしあげる。

発達の目安を押さえよう!

みがき方を覚えて、なんとか最後まで自分でみがけるようになるまでには時間がかかります(4歳ごろ)。根気良く見守りましょう。

歯が生え始めのころ(7・8か月)

ガーゼで軽くふいたり、歯ブラシで軽くみがいたりしてもらう。

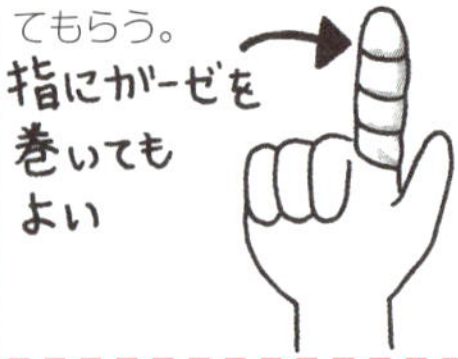
指にガーゼを巻いてもよい

▶2歳ごろ〜

歯ブラシを持って口に入れ、自分で動かす。きちんとみがけていないので、しあげみがきをしてもらう。

見せてごらん

▶3歳ごろ〜

口を横に広げて、表面《おもて》はみがける。奥歯や裏側などは、しあげみがきが必要。

しあげして
いいよ〜

きちんと歯みがきをするための工夫

遊び・環境
ことばがけ

こうやってみがくんだよ

発泡スチロールや牛乳パックなどで、歯と歯ブラシの模型を作り、子どもたちに見せながら、歯みがきのしかたを知らせましょう。

ポイント

歯みがきのしかたを知るきっかけになります。

バイバイ「虫ばい菌」

かわいい動物の顔を描いて、歯の部分にマジックテープで「虫ばい菌」のキャラクターをくっつけておきます。子どもが歯ブラシでみがいたら、「虫ばい菌」を取るようにします。

ポイント

楽しく遊びながら、歯をみがけばきれいになるという意識が持てるようになります。

歯みがきタイムは3分間

家庭でもオススメ

歯みがきには3分以上時間をかけるようにしましょう。3分間の目安として、砂時計を利用すると、子どもたちもわかりやすいです。

ポイント

ただ単に3分間みがけばよいというわけではありません。保育者は、子どもがきちんとみがけているか、そばで見守りましょう。

きれいになったか、見てみよう

家庭でもオススメ

みがく前と終わったときに手鏡を見せて、口の中を確認してみましょう。食べかすが残っていることに気づいたら、みがき直そうとします(P.113三段目・P.141三段目参照)。

ポイント

ていねいに歯みがきをしようとする意識が高まっていきます。

V 清潔

自分でかたづけられるようになるには？

2〜4歳ごろ

自分でかたづけようとする意識は、子どもが自立するうえで重要です。保育者は、「遊んだ後はおかたづけしようね」と、いっしょにおもちゃを元の場所に入れながら、かたづけ方も伝えていきましょう。

最初は自分が使った物、終わったら友達を手伝ってあげるなど、みんなで協力するように約束しておくと、クラスのまとまりがよくなる。

ありがとう！
お友達の
お手伝い
してくれる？
えほん
かたづけたよ
うん！
いそげ〜
あとすこし

意識の変化をとらえよう！ 1歳を過ぎ、手先が発達してくると、自分でおもちゃを出して遊びます。成長とともに、きれいにかたづけることも教えましょう。

2歳〜
言葉をかけられて、いっしょにかたづける。

ここ？
そうだよ〜
えらいね〜

3歳〜
かたづける場所に、グチャグチャに突っ込んで入れる。

ポイ
ポイ

4歳〜
重ねたり並べたりして、整理整とんしてかたづけられる。

えほんはちいさい
じゅんに

自分でかたづけられるようになるための工夫

遊び・環境
ことばがけ

絵本は赤い棚、積み木は緑の箱

家庭でもオススメ

箱やかごは、色分けしたりイラストの表示を付けたりして、わかりやすくしておきましょう。子どもたちが覚えやすく、整理してかたづけられるようにもなります(P.35四段目・P.109二段目参照)。

ポイント

箱やかごは、子どもが出し入れしやすいところに置きましょう。

かたづけてから次の遊びだよ

家庭でもオススメ

使った物は、そのつどかたづけるように言葉をかけていきましょう。違う遊びに移るときは、まずかたづけてからにします。

次々とおもちゃを出してそのままにしておくと、いざかたづけようとしたときに、意欲が低下してしまいます。

ポイント

ことばがけを続けていくことで、かたづけの習慣が身についていきます。

がんばってかたづけてるね

かたづけている最中に、「○○ちゃん、きれいに並べているね」「○○くん、いっぱい持って力持ちだね」などと、励ましのことばがけをしていくと、ほかの子どもにも刺激になり、かたづけが進みます。

ポイント

最後までがんばろうという意欲も高まります(P.35四段目参照)。

第V章 清潔 7

汗をかいたら ふくようになるには？

3〜4歳ごろ

暑いときや体を動かした後に汗をかいて、ふかずにそのまま過ごしていると、あせもになったりかぜをひいたりします。汗をかいたらタオルでふくことを知らせていきましょう。

さっぱりしたね〜
ハァ
ハァ
汗いっぱいかいたから ちゃんとふこうね〜
あっ〜い!!

乳児はまだ体温調節がうまくできず、あせもになりやすので、もく浴後はしっかりとふくようにする。

いつでもすぐにふけるように、子どもたちがわかりやすい場所にタオル掛けを置いておく。

発達の目安を押さえよう！ 頭・顔・首・脇の下など、汗をたくさんかいたときは、タオルを使って自分でふけるようにしていきましょう。

ふいてもらう（1歳〜）

もく浴をしてもらったり、タオルでふいてもらったりする（P.124参照）。

▶ **ふこうとする（3歳〜）**

なんとなく自分でふくが、まだうまくふけない。

せなかふいて〜

▶ **じょうずにふく（4歳〜）**

汗をかいた場所を、ひとりでふけるようになる。

汗をかいたらふくようになるための工夫

遊び・環境
ことばがけ

どうして汗をかくのかな?

運動するなどして体が熱くなると、体温を下げて調整するために汗をかきます。

子どもたちにイラストや絵本などを見せて、汗の役割を知らせていきましょう。自分の体に関心を持ちます。

みんなは
どんなときに
汗を かく?
うへんと
あつ470
あそんでるとき

ポイント

たくさん汗をかいた後は、水分補給をするということも伝えましょう。

汗をかきやすいのはどこかな?

汗の役割がわかったら、どんなときに汗をかくのかを話し合い、汗がよく出る体の場所を考えてみましょう。

実際にタオルを持って、汗をふくまねをして練習してみてもよいでしょう。

わきの下は
こうやって
ふこうね〜

ポイント

体の場所によって、汗のふき方が違うことを確認しましょう。

汗をふかないとどうなるのかな?

汗をふかないでいると、夏はあせも、冬は汗が冷えてかぜをひきやすくなります。

あせもの写真を見せるなどして、視覚でも伝えていきましょう。

おなか
かゆい
あせもに
なってるね
汗をかいたら
すぐにふこうね

ポイント

汗をかいたらすぐにふくということを意識させましょう。

V 清潔

第V章 清潔 8

プールの後、自分で体をふけるようになるには？

3歳ごろ〜

園では、プールやシャワーの後に、自分で体をふきます。夏のプール遊びが始まる前に、保護者と連携して取り組んでいきましょう。

体のふき方

①タオルを頭に載せ、軽くこすって髪の毛の水分を取る。

②胸の辺りをふく。

③片手を上げ、反対側の手で腕、わきの下をふく。

④おへそをふく。

⑤足を上から下へふく。

⑥足の裏・指の間をふく。

⑦おしりをふく。

⑧またの間をふく。

⑨タオルの両端を持ち、背中をふく。

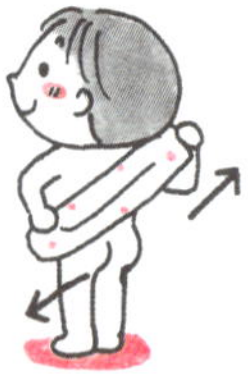

発達の目安を押さえよう！ 家庭では保護者にふいてもらっている子どもでも、経験を積み重ねていくことで、できることが増えていきます。

ふいてもらう（〜2歳）

自分が安心できる人に、優しくふいてほしい。まだうまくふけない。

▶ふこうとする（3歳〜）

自分でふこうとする。最後は保育者が確認して、きれいにふいてもらう。

▶ひとりでふく（5歳ごろ）

足の裏など、体の隅々までひとりでふくことができるようになる。

ひとりで体をふけるようになるための工夫

遊び・環境
ことばがけ

プールに入る前に

水着に着替えたら、みんなで体のふき方を確認してみましょう。

日ごろうたっている曲に合わせてふいていくのも、わかりやすくて楽しいです。

ポイント

体のどこをどうふけばよいのか、みんなで楽しく覚えていきます。

ちゃんとふけているかな？

髪の毛や背中など、まだぬれているところはないか、保育者がひとりひとりを確認していきましょう。

ちゃんとふけていたら大きな声で「合格！」と褒めるようにすると、子どもの意欲が高まります。

ポイント

友達同士で確認し合ってもよいでしょう。「合格遊び」として発展するかもしれません。

おうちでもふけるよね

家庭でもおふろから出たときに、ふけるところは自分でふくように意識づけていきます。

プールの後、自分でふけたことや、園でがんばっていることを保護者に伝えて、連携していきましょう（P.37一段目参照）。

ポイント

がんばったことを認めてもらった子どもは、園でやったことやできるようになったことを、家庭でもやろうとします（P.109三段目参照）。

第V章 清潔 9

じょうずに顔を洗えるようになるには？

3〜4歳ごろ

朝、起きたときや汗をかいたとき、自分で顔を洗うようにしましょう。手でじょうずに水がすくえるようになるまで、見守っていきましょう。

顔の洗い方

①洗面台のシンクや洗面器に水をため、両手の指をすき間がないようにくっつけて、お皿を作ります。

②両手をお皿にしたまま、水の中に沈めて、静かにすくい上げます。

※最初は指や手のすき間から水がこぼれてうまくすくえないが、慣れてくるとすき間ができなくなる。

③腰を曲げて両手に顔を近づけ、水につける。

④両手の手のひらを使って、顔を軽くこする。

⑤2・3回繰り返して洗い、タオルで顔と手をふく。

発達の目安を押さえよう！ 水遊びなどを通して水に慣れ、顔に水が掛かっても自分でぬぐえるようになってきたら、顔の洗い方を知らせていきましょう。

ふいてもらう（〜2歳）

温かいおしぼりなどで、優しくふいてもらう。顔に水が掛かるのをいやがる。

▶ **洗おうとする（3歳ごろ）**

自分で洗おうとするが、両手で水をすくうのが難しい。水をいやがる場合もある。

▶ **じょうずに洗える（4歳ごろ〜）**

じょうずに水をすくって顔を洗い、タオルでふく。

じょうずに顔を洗えるようになるための工夫

遊び・環境
ことばがけ

スーパーボールすくいごっこ

たらいやビニールプールにスーパーボールを入れて遊んだ後、両手でお水といっしょにすくって、かたづけてみましょう。

ポイント

友達と競争したりして楽しく遊びながら、水をすくう練習にもなります。

プールの中で、おふろみたいだね

プール遊びの最初のころ、水に慣れていく段階で、プール内で顔洗いをしてみましょう。

顔にいきなりバシャバシャと水を掛けられると、水を怖がったりいやがったりしますが、自分でかげんしながら水を顔につけるので、水への抵抗感が少ないです。

ポイント

「おうちのおふろみたいだね」とことばがけすると、プールへの抵抗感も少なくなります。

おうちで鏡を見てから来ようね

毎朝、顔を洗った後は鏡を見て、目やになどがついていないか、自分でチェックするようにことばがけしましょう。

ポイント

ふだんの身だしなみに対する意識も高まります（P.113三段目・P.133四段目参照）。

V 清潔

第V章 清潔 10

服が汚れたら着替える意識を持つには?

4歳ごろ〜

食事や遊びで服が汚れたり、汗をかいたりして汚れることがあります。“気持ちが悪いから着替える”という意識が持てるようにしましょう。

着脱はできるだけ見守り、必要なときだけ手伝うようにしましょう(P.102〜113参照)。

汗をかいた

たっぷり汗をかき、服が湿っていたら着替える。

服が汚れた

砂がついた程度なら、服をはたいて砂を落とす。泥がついた場合は、着替えるようにする。

かけっこで汗かいたから 着替えようね〜
ふ〜 つかれた〜
ハァ ハァ
は〜い!
パタパタ しようか?
着替えなくてもいい?
パタ
パタ

服がぬれた

特に寒い時季はかぜをひいてしまうので、すぐに着替える。

・・・・
だいじょうぶだよ
先生がふくから 着替えておいで

汚れた服を着替える意識を持つための工夫

遊び・環境
ことばがけ

みんなでいっしょに着替えよう

ござを敷くなどして子どもたちを集め、いっしょに着替えましょう。友達といっしょなら、その場の雰囲気で着替えようとします。

は～い!!
ぬれた服は
袋に入れてね

ポイント

ぬれた服は袋に入れて、忘れずに持ち帰るように伝えておきましょう。

着替えると気持ちがいいね

汚れた服を着替えると、気持ちが良いということを知らせていきましょう。

「みんなの体もきれいになって、喜んでいるね」などと、「きれいに」を意識したことばがけもしていきましょう。

てれ
きれいになって
体も喜んでるね
よっ
男前!

ポイント

「きれいに」は、ほとんどの生活習慣にかかわるキーワードです。保育者はさまざまな場面で、「きれいに」を意識できるように援助していきましょう。

いつでも着替えられるよ

保育室の一角に、いつでも使える着替えコーナーを用意しておきましょう。簡単なしきりと、マットやござなどを用意しておきます。

おきがえ
したい
いいよ

ポイント

いつでも使える着替えコーナーがあることで、汚れたらすぐに着替えるという意識が高まってきます。

V 清潔

第V章 清潔 11

つめの長さに気づいて切ってもらうには？

0歳～

つめが長いと、ひっかいて危険だったり、つめの間が汚れてもなかなか落ちないので、不衛生だったりします。

子どものつめは、大人が定期的に切るようにします。保護者の意識も含めて、清潔を心がけていきましょう。

乳児のつめの切り方

①ひざの上にだっこして、ことばがけで安心させ、指を１本ずつ持って、確認しながらていねいに切る。

②足のつめも同様に切り、最後までおとなしくがまんできたことを褒める。

手のつめの切り方

①子どもの指をいっしょに見て、つめが伸びていることを確認しながら、１本ずつていねいに切る。

②反対側の手も同様に切り、きれいになったことや、安全になったことを伝える。

足のつめの切り方

白い部分を少し残して、先がまっすぐになるように切る。深づめで先を丸く切り続けていると、つま先に体重が掛かったときの圧力で、つめの両端が指に食い込んでいき、巻きづめになるおそれがある。

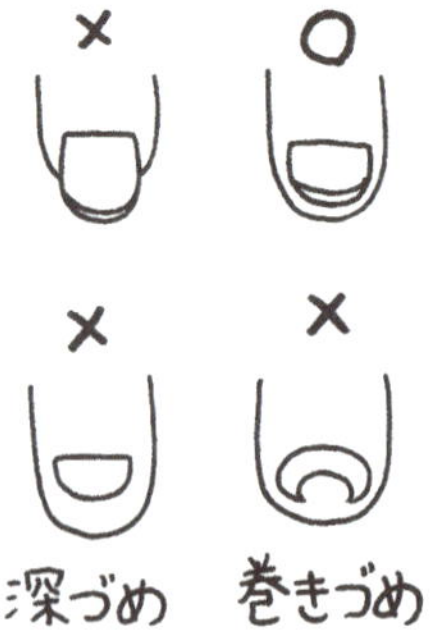

意識の変化をとらえよう！

小さいころは柔らかかったつめが、年齢とともに硬くしっかりしたものになっていきます。伸びたらこまめに切ってあげましょう。

乳児期

薄くて柔らかいつめを、乳児用のつめ切りで切ってもらう。

▶ **2歳ごろ**

まだ柔らかめのつめを、乳児用または子ども用のつめ切りで切ってもらう。

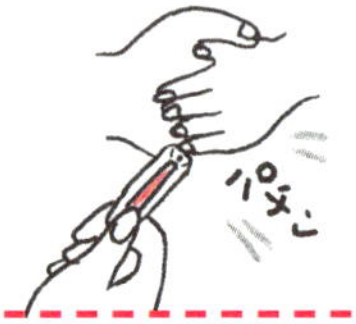

▶ **切ってほしい（3歳ごろ）**

手足のつめが伸びて少し欠けたりしたときに、気づいて切ってほしいと言う。

つめが伸びたら切る意識を持つための工夫

遊び・環境
ことばがけ

つめが長いと危ないよ

つめが長いとどうして危ないのか、短く切りすぎてもいけないのかなど、イラストや写真を見せながら、子どもたちといっしょに考えてみましょう。

ポイント

つめが長いと、引っかいてケガをしたり、汚れがたまったり、割れてしまったりします。深づめだと指先が痛いうえに、小さな物をつかんだりはがしたりするのが難しくなります。

みんなでチェックしよう

週明けの朝、出席調べの後などに、みんなで手のつめを見せ合って確認しましょう。子どもたちが、つめの長さを気にするようになります。

ポイント

子どもたちが意識することで、保護者にもしぜんに伝わります（P.117三段目参照）。

清潔がんばりカレンダー

保育室に表をはったり、清潔をテーマにしたカレンダーを作ったりします。カレンダーを持ち帰り、家庭でつめを切った日にシールをはって、子どもと保護者がいっしょに意識できるようにしていきましょう。

ポイント

つめをいつ切ったかがわかり、定期的に切る習慣ができます。

V 清潔

歌・手遊び

親しみやすい『いとまき』の曲に合わせて、楽しくうたいながら、正しい手洗いを身につけましょう。

♬手洗いのうた♬（『いとまき』の替え歌）

作詞者不詳（替え歌詞：永井裕美）
デンマーク曲

1.て を あ ら お う て を あ ら お う き れ い に し ま しょう
2.つ め く る く る つ め く る く る ゆ び の あ い だ も
お や ゆ び に ぎっ て て く び も わす れず に

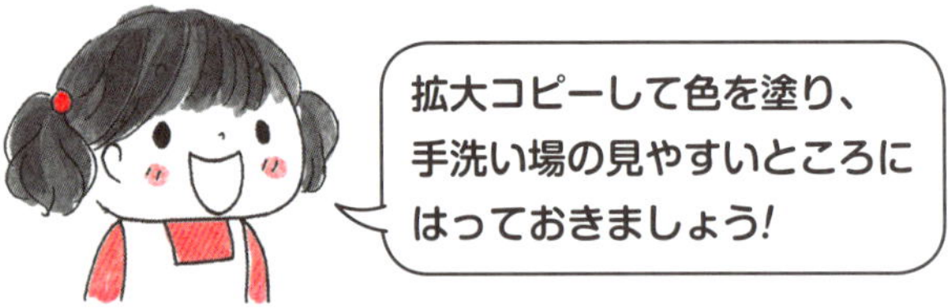
拡大コピーして色を塗り、
手洗い場の見やすいところに
はっておきましょう！

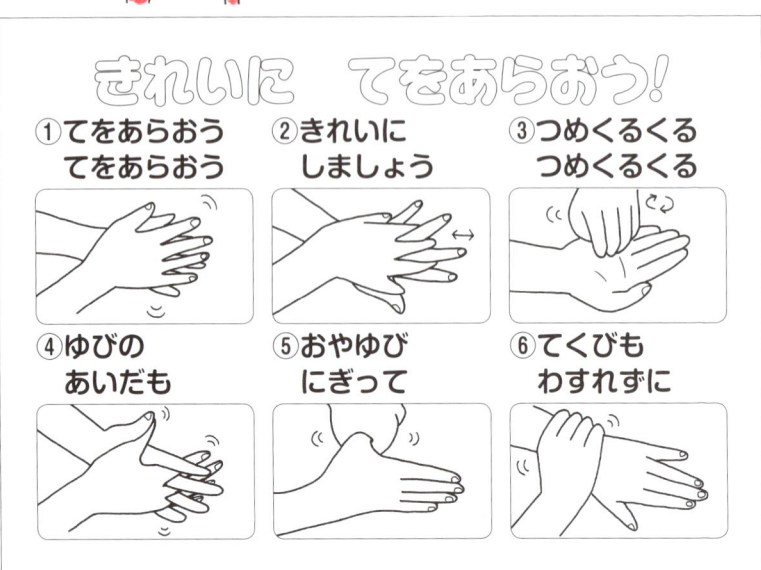

きれいに　てをあらおう！

①てをあらおう
てをあらおう

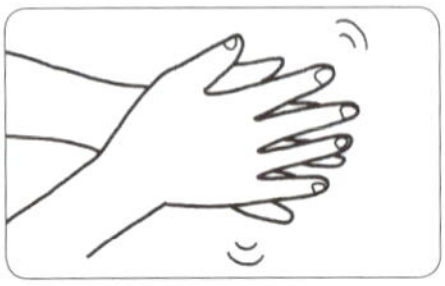

②きれいに
しましょう

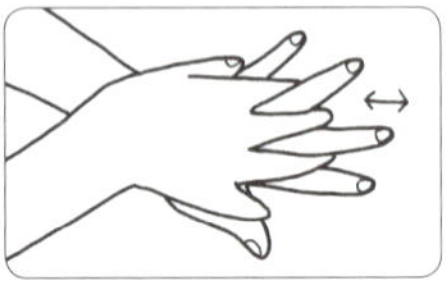

③つめくるくる
つめくるくる

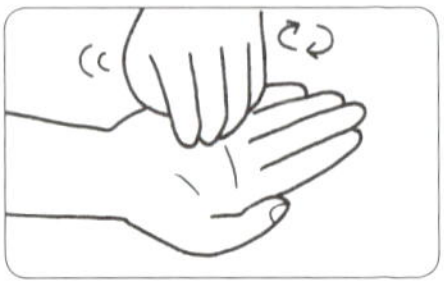

④ゆびの
あいだも

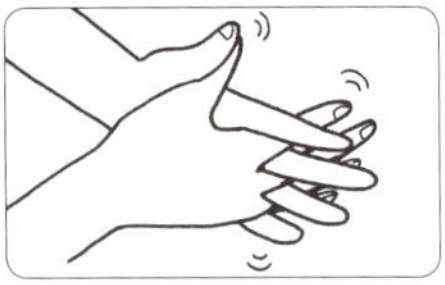

⑤おやゆび
にぎって

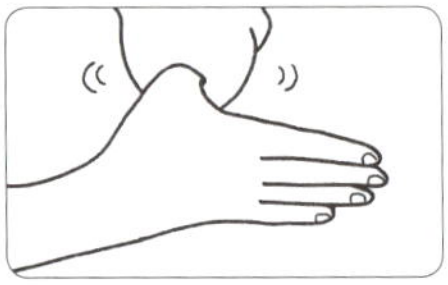

⑥てくびも
わすれずに

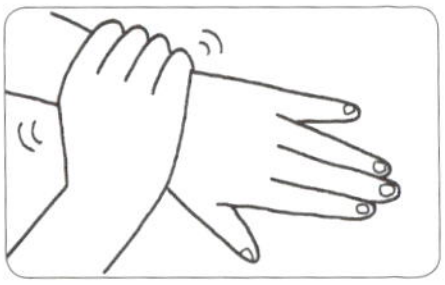

※400%拡大で、Ａ３サイズになります。

①てをあらおう てをあらおう

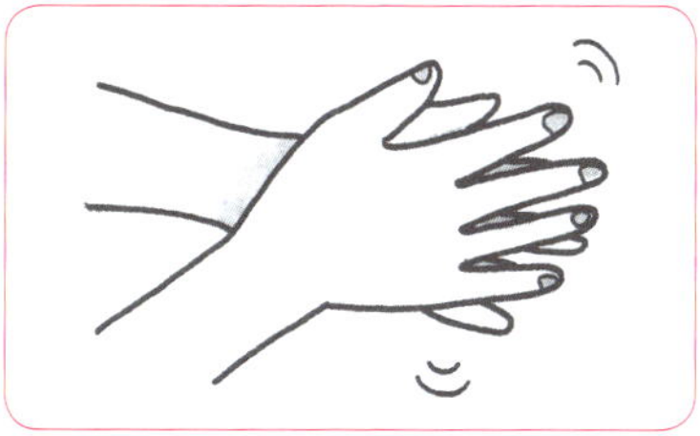

①せっけんをつけた両手のひらを合わせて、よくこする。

②きれいに しましょう

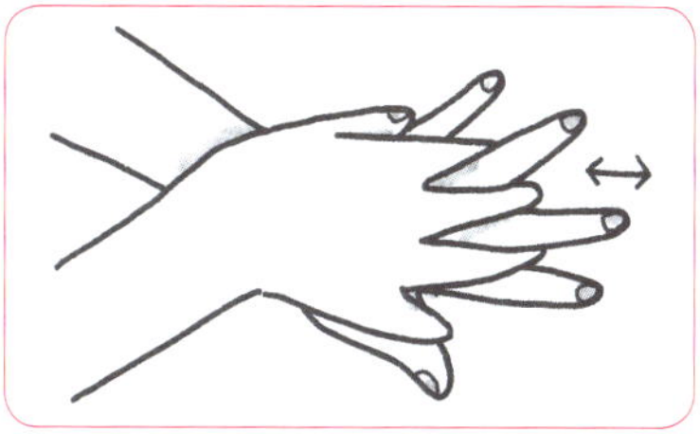

②手の甲の上にもう片方の手のひらを載せてこする。「きれいに」の後で手を入れ替えて、「しましょう」で反対側の手の甲をこする。

③つめくるくる つめくるくる

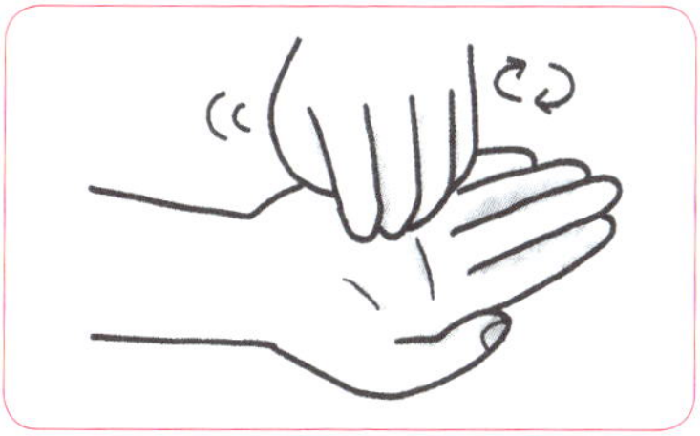

③手のひらを上に向けて、もう片方の手の指先をこする。反対側の指先も同様に洗う。

④ゆびの あいだも

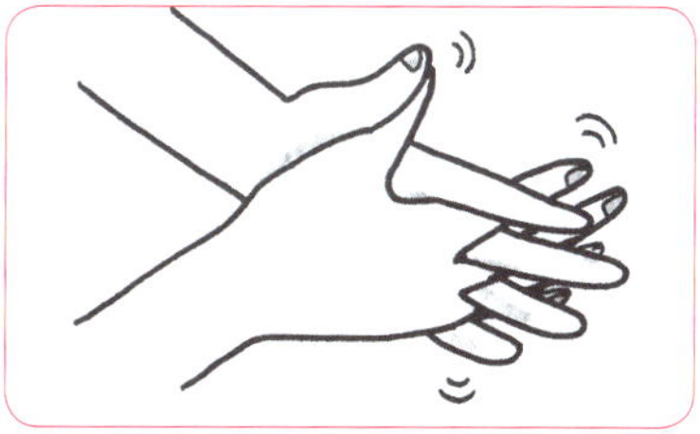

④両手の指を広げて組み合わせ、指の間をこすり合わせて洗う。

⑤おやゆび にぎって

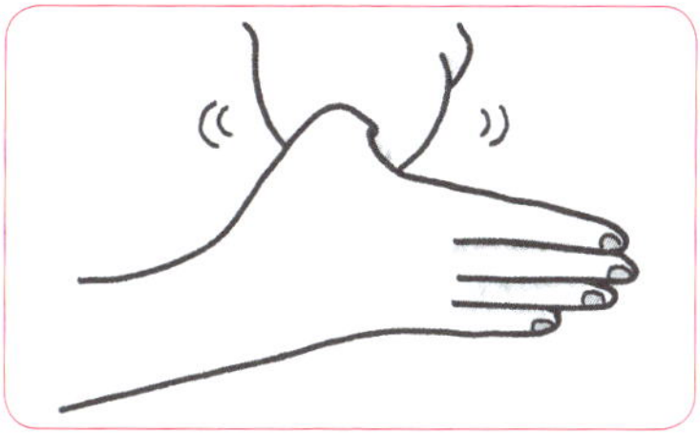

⑤親指をもう片方の手で握って、回すようにして洗う。「おやゆび」の後で手を入れ替えて、「にぎって」で反対側の親指も洗う。

⑥てくびも わすれずに

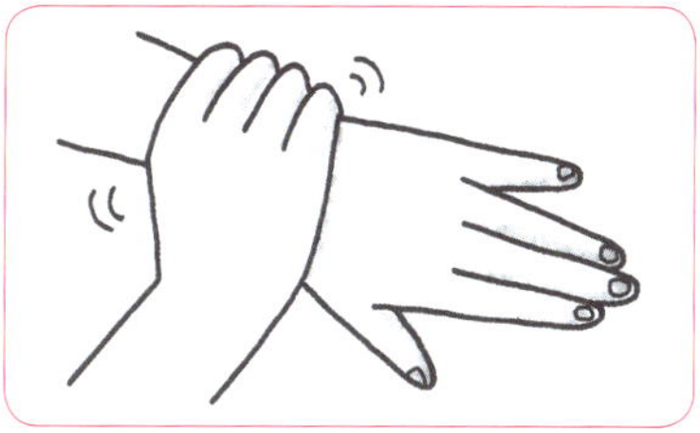

⑥手首をもう片方の手で握って洗う。「てくびも」の後で手を入れ替えて、「わすれずに」で反対側の手首も洗う。

ほのぼの劇場 清潔編

きれいきれい

おやつの時間
みんな～ お口きれいに ふこうね～
ふき ふき
きれいにできた～
できたね～
はっくしょん!
あっ
きれい きれい
そ… そでか…
ゴシ ゴシ ゴシ

第Ⅵ章

あいさつ

●あいさつができるようになるには？ ………… P.150
○出会ったときは？ ………… P.152
○お出かけのときは？ ………… P.153
○お迎え・お別れのときは？ ………… P.154
○食事・睡眠のときは？ ………… P.155
○友達とかかわるときは？ ………… P.156
○心を込めたあいさつは？ ………… P.158

きちんとあいさつができるようになるには?

3歳ごろ～

あいさつの習慣を身につけるには、周りの環境や保育が大切です。子どもが小さいうちから、いろいろな場面で聞かせていきましょう。保育者みずからが元気にあいさつをして、お手本になるようにしましょう。

単に「言えた」という保育者の満足のためではなく、子どもが心からそう思い、あいさつができるように援助していくことが大事です。

意識の変化をとらえよう!

言葉の意味がわかり、保育者や友達と親しくなるにつれて、場面や状況に合ったあいさつができるようになっていきます。

反応する（～2歳ごろ）▶

あいさつの意味をほとんど知らないが、「バイバイ」と手を振ると、同じように返す。言葉をまねる。

恥ずかしくて言えない▶

慣れるまでは、緊張や人見知りから、あいさつされても隠れたり無視したりする。

意識して言おうとする▶

保護者や保育者があいさつを交わしている姿を見て、意識する。小声で言う。

▶ みんなで言える

「いただきます」など、みんなでいっしょに言うあいさつは、元気な声で言える。

▶ 場面・状況がわかる

いろんな場面・状況でのあいさつを覚える。「ごめんなさい」 などは言いにくい。

▶ きちんとできる

いろんな場面・状況に合わせて、あいさつができるようになる。

出会ったとき

毎日のように交わすあいさつです。大きな声で言えるように援助していきましょう。

おはようございます

朝のあいさつを元気良く交わすと、気持ちがいいものです。

最初は恥ずかしくても、保育者が毎日あいさつをしていれば、子どもからもあいさつを返してくれるようになります。

ポイント

目を合わせて握手やタッチをしながら、あいさつを交わします。健康観察をして、子どもの状態をチェックします。気になることは、すぐ保護者に確認しましょう。

こんにちは

お昼を過ぎると、「おはよう」が「こんにちは」に変わり、夜には「こんばんは」になります。「おはよう」と「こんにちは」の使い分けを知らせましょう。

ポイント

時間によってあいさつを使い分けることは、子どもにはまだ難しいので、保育者が積極的にあいさつをして、知らせていきましょう。

お 出 か け

家族や保育者、友達など、同じ場所にいる仲間同士で、また帰ってくることを前提として交わします。

いってらっしゃい

　園まで送ってくれた保護者を見送るとき、保育者は子どもといっしょに、笑顔で「いってらっしゃい」と送ります。

　その日の状態によっては泣く子どももいますが、子どもの思いを受け止めて、気分転換できる物で誘いかけるなどの配慮をします。

ポイント

子どもの元気な声を聞けば、保護者もホッとします。もし子どもがなかなか言えなくても、気持ちを受け止めながら、保育者がいっしょに手を振ってあげましょう。

いってきます

　公園へのお散歩や、園外保育に出かけるとき、見送りに来てくれた保護者や、園に残っている子どもたちや保育者に向かって、みんなで元気良く「いってきます」とあいさつをしましょう。

ポイント

みんなで声を出すと、「さあ、いくぞー」と、気持ちが盛り上がります。

お迎え・お別れ

帰ってきたときや別れるときに交わす言葉です。大きな声で言えるように援助していきましょう。

ただいま

お散歩や園外保育から帰ってきたときは、ほかのクラスの子どもたちや職員に、「ただいま」とあいさつをして、園に着いたことを知らせます。楽しい経験をした子どもたちの声は、元気いっぱいです。

ポイント

自分たちの居場所に戻ってきたという、安心感も得られます。

おかえりなさい

お迎えに来てくれた保護者の顔を見ると、子どもたちは笑顔になります。保育者は、子どもといっしょに「おかえりなさい」と言うようにしましょう。

また、散歩や園外保育に出かけていた子どもたちが帰ってきたときにも、「おかえりなさい」と、元気良く迎えてあげましょう。

ポイント

保育者は、積極的にあいさつをしていきましょう。

さようなら

園での一日の最後は、「さようなら」のあいさつです。1・2歳のころは、手を振りながら「バイバイ」とあいさつを覚えていきますが、成長するにつれ、降園時は「バイバイ」ではなく「さようなら」とあいさつができるように促していきましょう。

ポイント

「今日は楽しかったね、また明日遊ぼうね」などと、余韻を残しながら、明日へとつなげていきましょう。

食事・睡眠

食事前後は、手を合わせて必ずあいさつをしましょう。あいさつは、生活のけじめとしても大切です。

いただきます

食事の始めに必ず言う言葉です。小さいうちは手を合わせて頭を下げるなどして、感謝の気持ちを大切にします。言葉が話せるようになってきたら、しっかりあいさつをするように伝えていきましょう（P.34参照）。

おこめをつくってくれてありがとう
おりょうりをつくってくれてありがとう
いただきます

ポイント

食事を作ってくれた人、用意してくれた人に感謝して食べます。５歳児になれば、食育を通して、感謝の意味が深くなっていきます（P.39三段目参照）。

ごちそうさま

食事の後、「ごちそうさま」のあいさつも忘れないようにしましょう。感謝の意味とともに、これで食事が終わりましたという、ひとつの区切りでもあります（P.34参照）。

ごちそうさまでした！
座ってゆっくり言おうね
ガタッ
ごちそうさまでした

ポイント

クラスのある程度の子どもが食べ終わったら、みんなで「ごちそうさま」のあいさつをしましょう（P.38参照）。

おやすみなさい

園での午睡では、「おやすみなさい」と言ったら、もうお話はしないという約束をしておきましょう。今から眠るという意識を持つように配慮します（P.84参照）。

夜おうちで寝るときも、「おやすみなさい」と言ってから寝るように促しましょう。

おやすみなさい
おやすみなさい もう おロチャックだよ

ポイント

目覚めたときや起こすときは、「おはよう」と言葉をかけて、起きるけじめとして意識するように促しましょう。

友達とかかわる

友達と遊ぶ中で、必ず出てくる言葉です。自分から言えるように促していきましょう。

いれて

友達が楽しく遊んでいると、仲間に入れてほしくなります。4・5歳になると、「いれて」の意味を理解して、自分から声をかけます。

恥ずかしがって言えずにいる子どもには、保育者が仲立ちするなどして、最後のひと言が言えるように配慮していきましょう。

ポイント

少しずつ言えるように、配慮のしかたを変えていきましょう。

言って
みようか？
いれて
せんせいも
やろうよ〜
モジ
モジ
いいよ〜

かして

好きな物や興味のある物を友達が使っていると、自分も使いたくなります。「かして」と言えずにむりやり取ったり、欲しがっているのを無視したり、言葉に出して伝えられなかったりと、さまざまな葛藤《かっとう》の中で、けんかの原因にもなります。

最初は保育者が間に入り、言葉のやりとりができるようになるまで、援助していきましょう。

ポイント

「かして」と言えても、すぐに貸してくれるとは限りません。お互いが納得できるまで、見守りましょう。「じゃあ、あとでかしてね」と言って、しばらく待つことも伝えましょう。

後で貸して
あげてね
かして
いま
つかってるの

いいよ

　「かして」と言われて、貸してあげるときの返事は「いいよ」ですが、「いいよ、あとでかえしてね」「いまつかっているから、あとでならいいよ」など、すべてが「すぐにいいよ」というわけではありません。
　「いいよっていったのに……」と、言葉の行き違いからトラブルにならないように、貸す側の気持ちも、しっかり伝えられるようにしましょう。

ポイント
お互いに納得するやりとりができると、気持ち良く、しぜんに「ありがとう」が言えます（P.158参照）。

あとでなら
いいよ
ほんと?
ゆうきくん
優しいね〜
よかったね
ともしくん

どうぞ

　言うときの状況は「いいよ」と似ていますが、相手に譲ろう、自分の物を分けようなど、より積極的に相手を思う気持ちのニュアンスの言葉です。
　子どもの年齢が上がってくるとともに、相手を思いやる気持ちもしだいに強くなり、「○○してあげよう」「がまんしよう」という姿が見られるようになってきます。

ポイント
ままごとやお店屋さんごっこで、「おねがいします」「どうぞ」「ありがとうございます」のやりとりがよく見られるように、子どもは、遊びながら身につけていくことが多いようです。

なみちゃんは
世話好きな
タイプだな
じゃ ぼくは
つかってよう
どうぞ
ありがとう

心を込めて

だれかに頼んだり、何かをしてもらったりしたときに相手への気持ちを込めて伝えます。

ありがとう

まだ言葉がわからない時期でも、保育者がいろんな場面で、「ありがとう」とうれしそうに言う姿は、子どもたちに伝わっていきます。しだいに、何かをしてもらったときや、うれしかったときに、自分から「ありがとう」と、感謝を込めて言えるようになっていきます。

ポイント

感謝の気持ちを表した言葉です。むりやり言わせるのは、ほんとうの意味での「ありがとう」ではありません。

拾ってくれたの？
よかったね あいちゃん
うん
ありがとう！
せんせい これ
おちてたよ～

ごめんなさい

小さいうちは、周りの状況や人間関係がまだわからないので、保育者がそのつど、ことばがけをして知らせていきましょう。

４歳ごろになると、状況を把握して、「ごめんなさい」と言えるようになってきます。

ポイント

相手が痛い思いや、いやな思いをしたことを伝えて、心から「ごめんなさい」と言えるようにしましょう。うまく言葉にできなくても、その気持ちを大切にしましょう。

かよちゃんが
あたっちゃったの
ごめんなさい
かよちゃんの
その気持ちが
大切だよ
うん
いいよ

おねがいします

園医さんの検診や、保育者など大人に向かって頼むときは、「おねがいします」という言葉を使うことを知らせます。

ていねいな言葉づかいの絵本を読み聞かせるなどして、ふだんからきれいな言葉で話すことや、相手を思いやる気持ちを持つ大切さも伝えていきましょう。

園に来られたお客様に、保育者がていねいな対応をして見せるなど、子どもの模範となり、子どもの前では、言葉づかいに気をつけましょう。

おめでとう

「おめでとう」の言葉を使うときは、「おたんじょうびおめでとう」「よくがんばったね、おめでとう」など、相手を祝福するときです。心からの「おめでとう」という気持ちを大切にしていきましょう。

毎月のお誕生会で、誕生児をお祝いする気持ちが持てるようになり、自分が言ってもらえたときには、とてもうれしい気持ちになります。

〈監修者〉
鈴木　みゆき（すずき　みゆき）
和洋女子大学人文学群
心理・社会学類　人間発達学専修　こども発達支援コース　教授
「子どもの早起きをすすめる会」発起人
医学博士

〈著　者〉
永井　裕美（ながい　ひろみ）
保育士・幼稚園教諭として勤務。
『月刊 保育とカリキュラム』2009年４月号（ひかりのくに・刊）より、
毎月のおたよりイラスト＆文例ページにおいて、文例・イラスト
案を担当。
現在も公立幼稚園で保育に携わる。
２児の母でもある。

Staff
本文イラスト／池田かえる
本文レイアウト・編集協力／永井一嘉
企画・編集／長田亜里沙・安藤憲志
校正／堀田浩之

ハッピー保育books⑤
クラス担任必携本!!
0～5歳児の生活習慣 身につけbook

2010年３月　初版発行
2015年１月　10版発行

監修者　鈴木みゆき
著　者　永井　裕美
発行人　岡本　功
発行所　ひかりのくに株式会社
〒543-0001　大阪市天王寺区上本町3-2-14　郵便振替00920-2-118855　TEL.06-6768-1155
〒175-0082　東京都板橋区高島平6-1-1　郵便振替00150-0-30666　TEL.03-3979-3112
ホームページアドレス　http://www.hikarinokuni.co.jp

製版所　近土写真製版株式会社
印刷所　熨斗秀興堂

Printed in Japan
ISBN978-4-564-60753-0
NDC376　160P 18×13㎝